寅恪

陳寅恪印

出版説明

陳寅恪（一八九〇——一九六九），江西修水人。早年留學日本及歐美，先後就讀於德國柏林大學、瑞士蘇黎世大學、法國巴黎高等政治學校和美國哈佛大學。一九二五年受聘清華學校研究院導師，回國任教。後任清華大學中文、歷史系合聘教授，兼任中央研究院理事、歷史語言研究所研究員、第一組主任及故宫博物院理事等，其後當選為中央研究院院士。一九三七年「蘆溝橋事變」後挈全家離北平南行，先後任教於西南聯合大學、香港大學、廣西大學和燕京大學。一九四四年被選為英國科學院通訊院士。一九四二年後為教育部聘任教授。一九四六年回清華大學任教。一九四八年南遷廣州，任嶺南大學教授，一九五二年後為中山大學教授。一九五五年後并為中國科學院哲學社會科學學部委員。

陳寅恪集十三種十四册，收入了現在所能找到的作者全部著述。其中寒柳堂集、金明館叢稿初編、金明館叢稿二編、隋唐制度淵源略論稿、唐代政治史述論稿、元白詩箋證稿、柳如是別傳七種，八十年代曾由上海古籍出版社出版。此次出版以上海古籍版為底本（隋唐制度淵源略論稿、唐代政治史述論稿二書原據三聯書店一九五七年版重印），内容基本不變。惟寒柳堂集增補了「寒柳堂記夢未定稿（補）」一文。詩集（原名陳寅恪詩集附唐篔詩存）和讀書札記一集（原名陳寅恪讀書札記舊唐書新唐書之部）八九十年代分別由清華大學出版社和上海古籍出版社出版，此次出版均有增補。書信集、讀書札記二集、讀書札記三集、講義及雜稿四種均為新輯。全書編輯體例如下：

一、所收內容，已發表的均保持發表時的原貌。經作者修改過的論著，則採用最後的修改本。未刊稿主要依據作者手跡錄出。

二、本集所收已刊、未刊著述均予校訂，凡體例不一或訛脫倒衍文字皆作改正。引文一般依現行點校本校核，如二十四史、資治通鑑等。尚無點校本行世的史籍史料，大多依通行本校核。少量作者批語、論述係針對原版本而來，則引文原貌酌情予以保留。以上改動均不出校記。

三、凡已刊論文、序跋、書信等均附初次發表之刊物及時間，未刊文稿盡量注明寫作時間。

四、根據作者生前願望，全書採用繁體字豎排。人名、地名、書名均不加符號注明。一般採用通行字，保留少數異體字。引文中凡為閱讀之便而補入被略去的內容時，補入文字加〔 〕，凡屬作者說明性文字則加（ ）。原稿不易辨識的文字以□示之。

陳寅恪集的出版曾得到季羨林、周一良、李慎之先生的指點，並獲得海內外學術文化界人士的熱情相助。在此，謹向所有關心、支持和參與了此項工作的朋友表示衷心的感謝，並誠懇地希望廣大讀者批評指正。

生活・讀書・新知三聯書店二〇〇〇年十二月

陳寅恪集總目

兄弟三人合影於東京

一九〇四年

左起：五兄隆恪、寅恪、長兄衡恪（師曾）

攝於德國柏林
一九二五年四月

散原老人於北平姚家胡同三號寓所内

一九三五年（六？）年

與諸兄妹陪同散原老人春游北平吳氏海棠園賞海棠

一九三六年

前排左起：隆恪女，新午子，寅恪次女，寅恪長女

後排左起：五嫂喻婉芬，五兄隆恪，父散原，次妹新午，長嫂黃國巽，妻唐篔，寅恪

全家合影於香港
一九四〇年

結婚廿三年紀念日合影
一九五一年八月

攝於廣州中山大學東南區一號草坪
一九六一年

女兒流求、小彭、美延與父親告別
一九六九年十月十七日於廣州殯儀館告別儀式

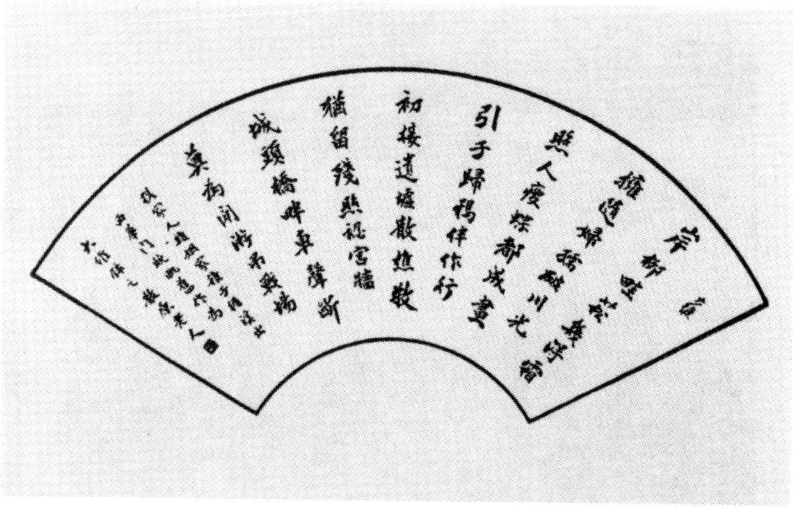

散原老人手書自作詩

長兄師曾畫作「沙際片帆」

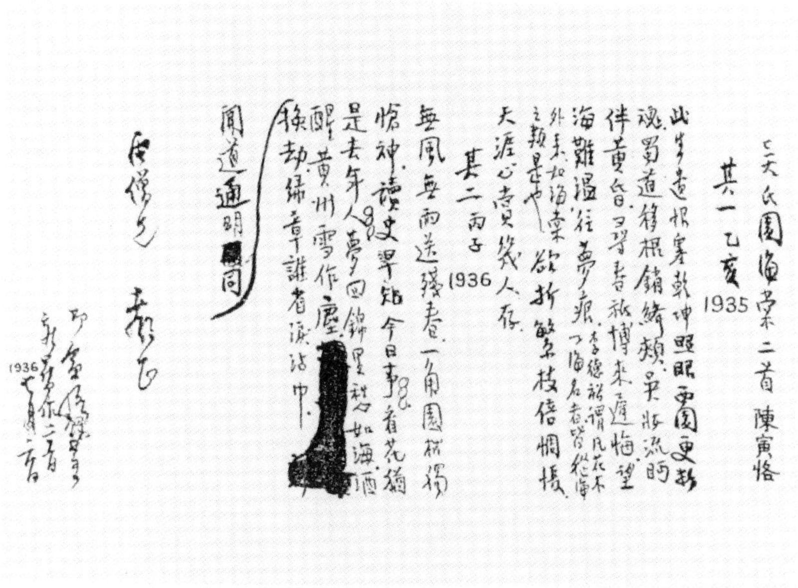

陳寅恪寫贈吳宓「吳氏園海棠二首」

一九三六年七月六日書於北平

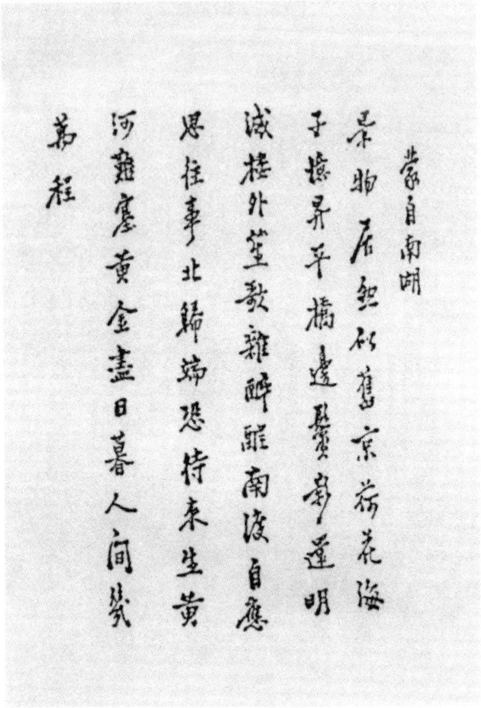
蒙自南湖
景物居然似舊京荷花海
子憶昇平橋邊鬢影還明
滅樓外笙歌雜醉酲南渡自應
思往事北歸端恐待來生黃
河難塞黃金盡日暮人間幾
萬程

陳寅恪手書「蒙自南湖」詩
一九三八年六月作於蒙自

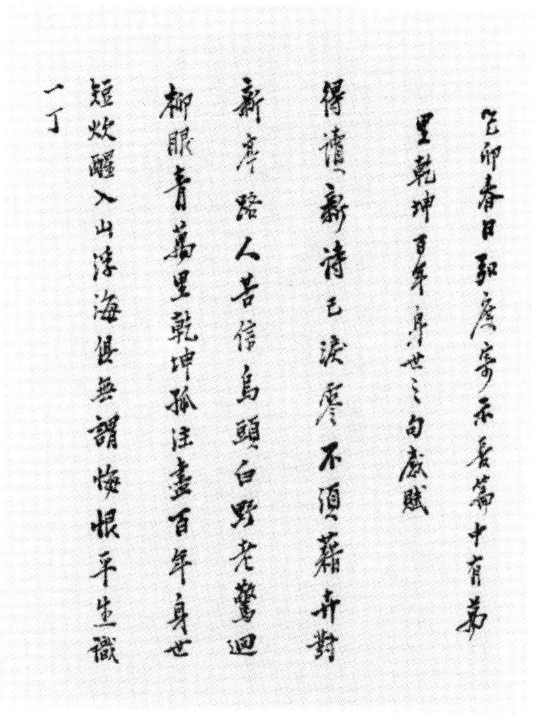
己卯春日弘度寄示長篇中有萬
里乾坤百年身世之句感賦
得讀新詩已淚零不須藉卉對
新亭踏人吾信烏頭白野老驚迴
柳眼青萬里乾坤孤注盡百年身世
短炊醒入山浮海俱無謂悔恨平生識
一丁

陳寅恪手書「己卯春日弘度寄示長篇中有萬里乾坤百年身世之句感賦」

一九三九年春於昆明

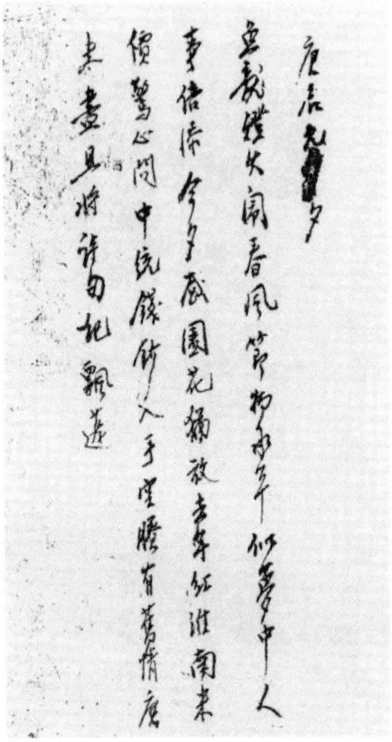

陳寅恪寫示吳宓「庚辰元夕」詩
一九四〇年書於昆明

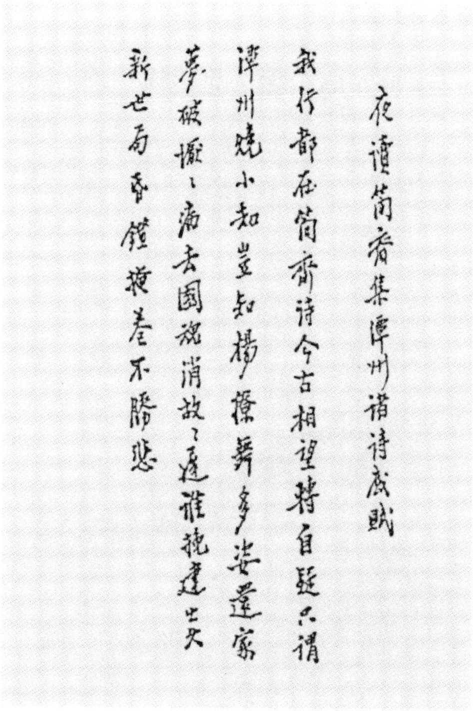
夜讀簡齋集潭州諸詩感賦

我行都在簡齋詩今古相望轉自疑只謂潭州燒小劫豈知楊獠舞多姿還家夢破懨懨病去國魂消故故遲誰挽建炎新世局昏鐘掩卷不勝悲

陳寅恪手書「夜讀簡齋集潭州諸詩感賦」
一九三九年作

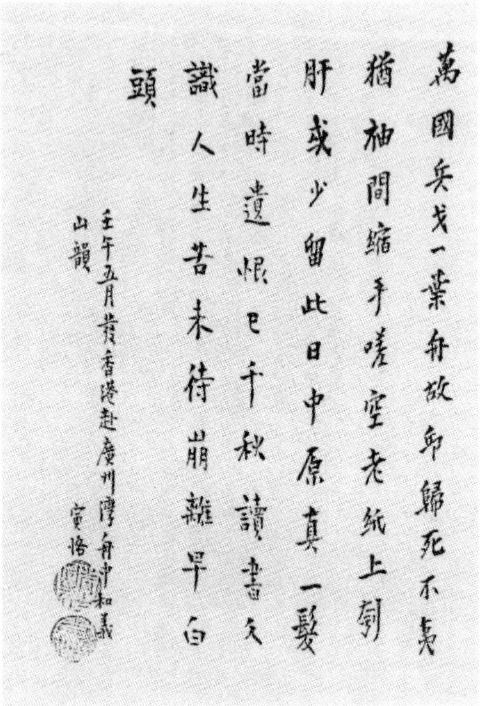
萬國兵戈一葉舟故邱歸死不夷
猶袖間縮手嗟空老紙上刳
肝或少留此日中原真一髮
當時遺恨已千秋讀書久
識人生苦未待崩離早白
頭
壬午五月發香港赴廣州灣舟中和義
山韻　寅恪

陳寅恪手書「壬午五月發香港赴廣州灣舟中和義山韻」
一九四二年五月五日作

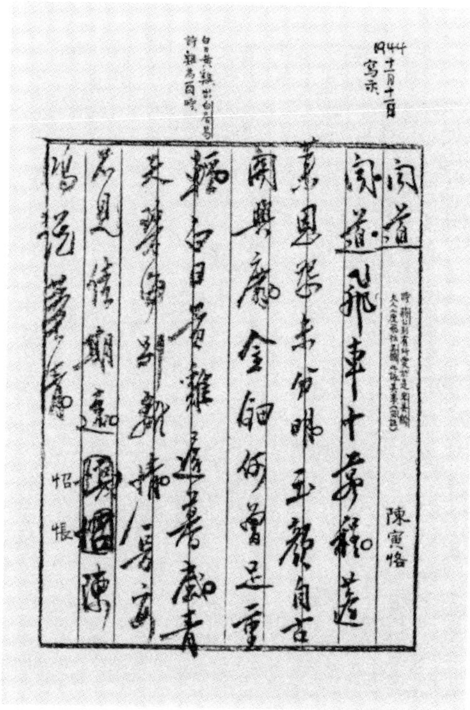

陳寅恪寫示吳宓「聞道」詩

一九四四年十一月十一日書於成都

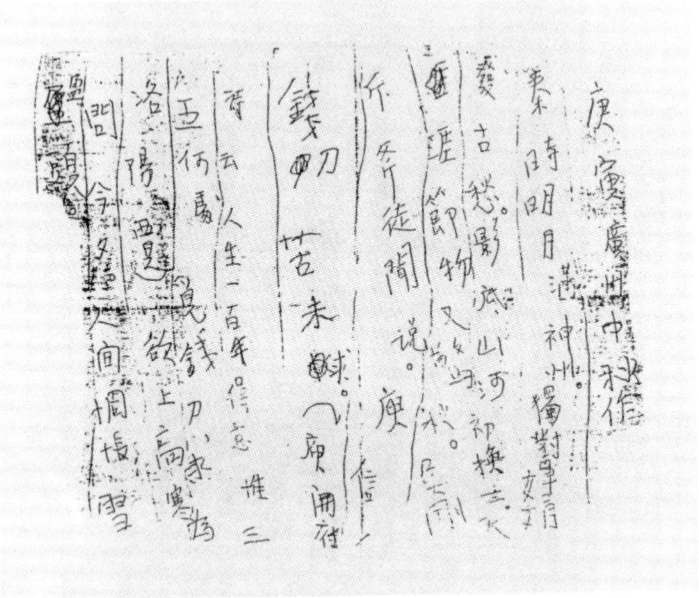

陳寅恪失明五年後之手蹟、詩作
「庚寅廣州中秋作」
一九五〇年九月

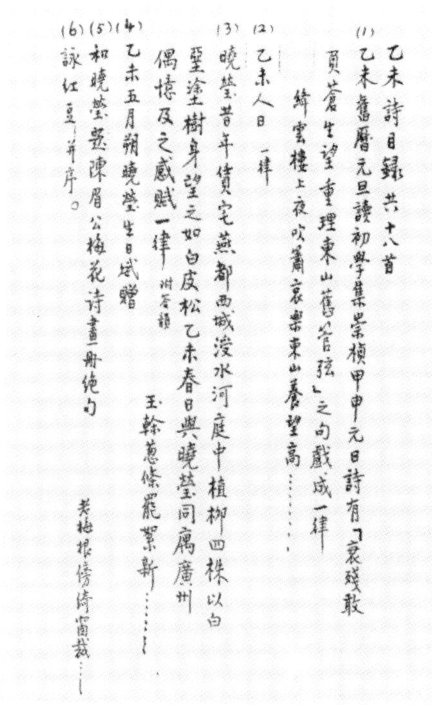
乙未詩目錄 共十八首
(1) 乙未舊曆元旦讀初學集崇禎甲申元日詩有「衰殘敢
負蒼生望，重理東山舊管弦」之句，戲成一律
綺雲樓上夜吹簫，哀樂東山養望高……
(2) 乙未人日 一律
(3) 曉瑩昔年賃宅燕都西城浚水河庭中植柳四株以白
堊塗樹身望之如白皮松乙未春日與曉瑩同寓廣州
偶憶及之感賦一律 附答詩
玉輪葱條罷絮新……
(4) 乙未五月朔曉瑩生日賦贈
(5) 和曉瑩題陳眉公梅花詩畫冊絶句
(6) 詠紅豆 并序。
老梅根傍倚窗栽……

唐篔手書自編「陳寅恪詩目」之一頁

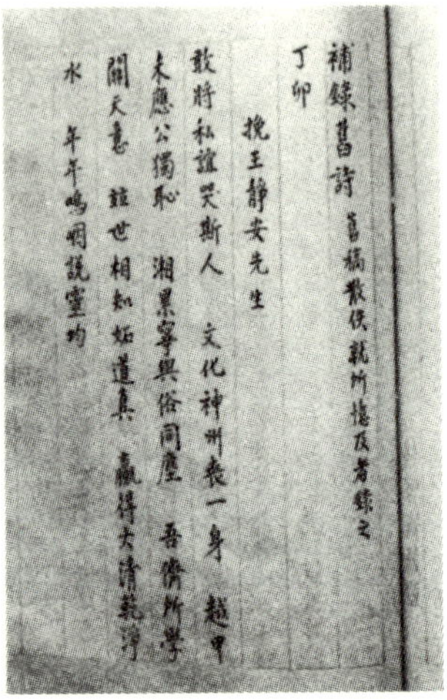

補錄舊詩　舊稿散佚就所憶及者錄之

丁卯

挽王靜安先生

敢將私誼哭斯人　文化神州喪一身　越甲
未應公獨恥　湘纍寧與俗同塵　吾儕所學
關天意　並世相知妬道真　贏得大清乾淨
水　年年嗚咽說靈均

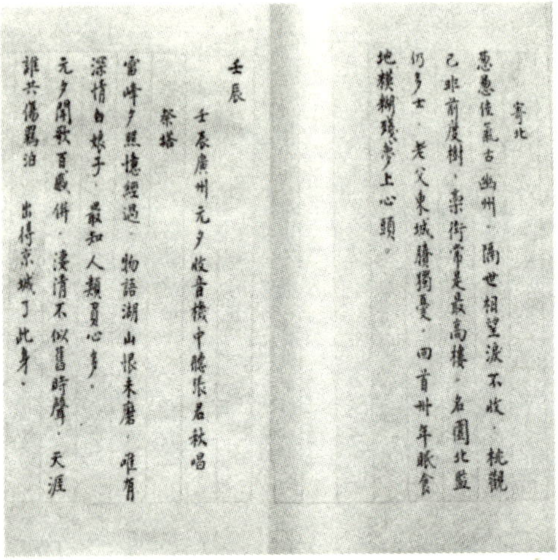

寄北

悤悤佳氣古幽州，隔世相望淚不收。桃觀
已非前度樹，藁街常是最高樓。名園北監
仍多士，老父東城賸獨憂。回首卅年眠食
地，模糊殘夢上心頭。

壬辰

壬辰廣州元夕收音機中聽張君秋唱

祭塔

雷峰夕照憶經過，物語湖山恨未磨。唯有
深情白娘子，最知人類負心多。
元夕聞歌百感併，淒清不似舊時聲。天涯
誰共傷羈泊，出得京城了此身。

唐篔手鈔陳寅恪詩作謄正本

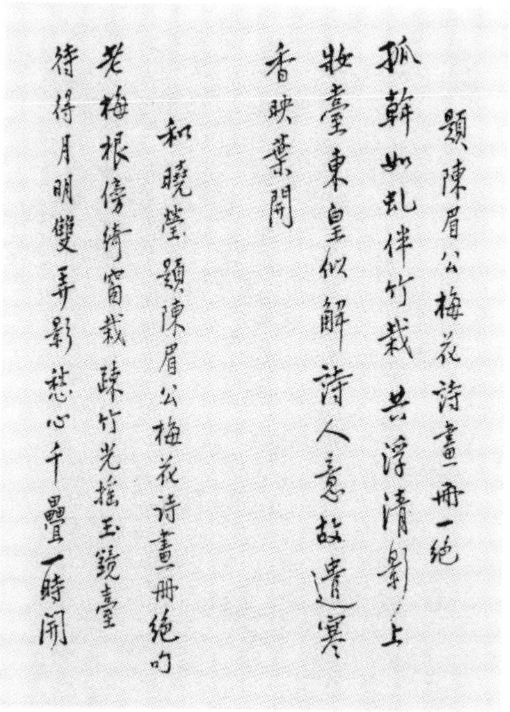

題陳眉公梅花詩畫冊一絶
孤榦如虬伴竹栽 共浮清影上妝臺
東皇似解詩人意 故遣寒香映葉開
和曉瑩題陳眉公梅花詩畫冊絶句
老梅根傍綺窗栽 疏竹光搖玉鏡臺
待得月明雙弄影 愁心千疊一時開

唐篔與陳寅恪唱和詩，唐篔手書
一九五五年作於廣州

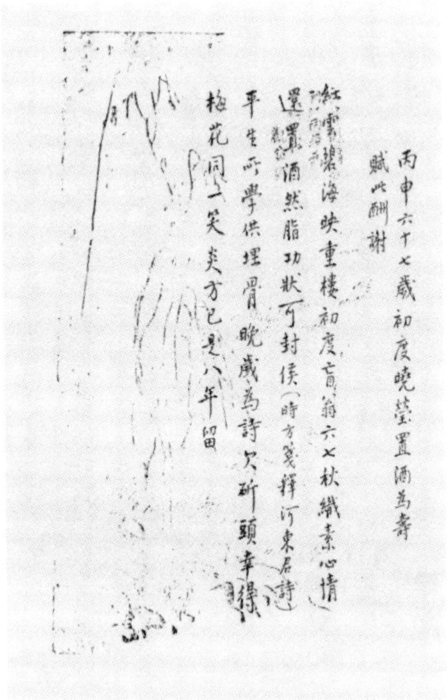

丙申六十七歲初度曉瑩置酒為壽
賦此酬謝
紅雲碧海映重樓初度盲翁六七秋織素心情
還置酒然脂功狀可封侯（時方箋釋河東君詩）
平生所學供埋骨晚歲為詩欠斫頭幸得
梅花同一笑炎方已是八年留

陳寅恪詩「丙申六十七歲初度晚瑩置酒為壽賦此酬謝」，唐筼代鈔

一九五六年六月作於廣州

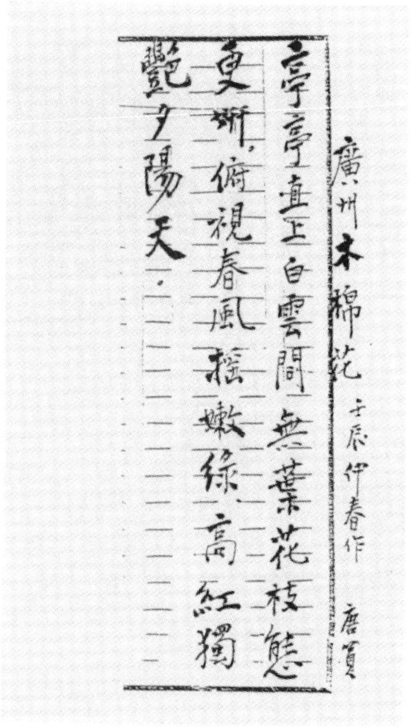

唐賀手書自作詩「廣州木棉花」

一九五二年仲春作於廣州

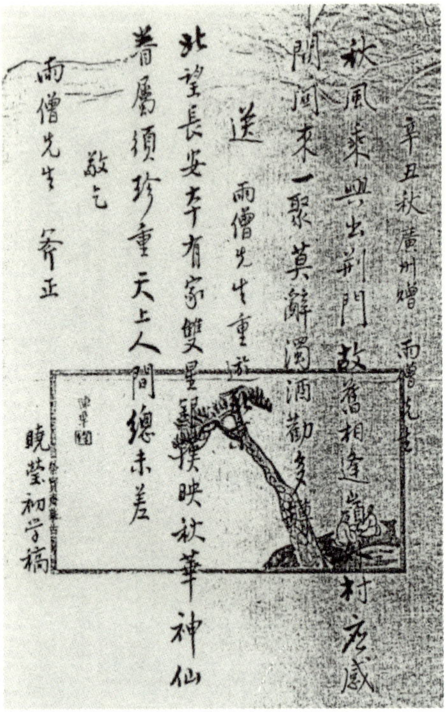

唐筼寫贈吳宓詩二首
一九六一年九月書於廣州

目次

詩

庚戌柏林重九作 時聞日本合併朝鮮……三
追憶遊那威詩 幷序……四
北海舟中……四
易卜生墓……五
皮桓生墓……五
宣統辛亥冬大雪後乘火車登瑞士恩嘉丁山頂作 時將歸國……六
自瑞士歸國後旅居上海得胡梓方朝梁自北京寄書並詩賦此答之 壬子春……七
法京舊有選花魁之俗余來巴黎適逢其事偶覽國內報紙

忽覩大總統為終身職之議戲作一絶……八
癸丑冬倫敦繪畫展覽會中偶見我國新嫁娘鳳冠感賦（此三十八年前舊作庚寅冬偶憶得之）……八
無題……九
紅樓夢新談題辭……九
影潭先生避暑居威爾士雷湖上戲作小詩藉博一粲……一〇
留美學生季報民國八年夏季第二號讀竟戲題一絶……一〇
春日獨遊玉泉静明園……一一
輓王静安先生……一一
王觀堂先生輓詞（并序）……一三
寄傅斯年……一八
戊辰中秋夕渤海舟中作……一八
北大學院己巳級史學系畢業生贈言……一九
題萍鄉文芸閣丈廷式雲起軒詩集中咸（葉刻本誤作感）通七律後……一九
閱報戲作二絶（庚午）……二〇

辛未九一八事變後劉宏度自瀋陽來北平既相見後即偕遊北海天王堂……二〇
和陶然亭壁間女子題句 詳見俞平伯和詩序……二一
吴氏園海棠二首……二一
其一 乙亥……二一
其二 丙子……二二
殘春……二二
藍霞一首……二三
蒙自南湖 戊寅夏作……二四
七月七日蒙自作……二四
蒙自雜詩 和容元胎……二五
戊寅蒙自七夕……二五
和寅恪雲南蒙自七夕韻時篔寄寓九龍宋王臺 俗傳南宋末陸秀夫負帝昺投海處畔……曉瑩二六
別蒙自……二六
昆明翠湖書所見 己卯春作……二七

己卯春日劉宏度自宜山寄詩言擬遷眉州予亦將離昆明往英倫因賦一律答之……二七
己卯秋發香港重返昆明有作……二八
夜讀簡齋集潭州諸詩感賦……二八
庚辰元夕作時旅居昆明……二九
庚辰元夕……二九
庚辰暮春重慶夜宴歸作……三〇
辛巳春由港飛渝用前韻……三〇
壬午元旦對盆花感賦　太平洋戰起困居香港時作……三一
香港壬午元旦對盆花感賦……三三
壬午五月發香港至廣州灣舟中作用義山無題韻……三三
予挈家由香港抵桂林已逾兩月尚困居旅舍感而賦此……三三
壬午桂林雁山七夕　桂林良豐山居時作……三四
輓張蔭麟二首　良豐山居時作……三四
癸未春日感賦　時居桂林雁山別墅……三五

寄題樸園書藏……三五
楊遇夫寄示自壽詩五首即賦一律祝之……三六
甲申春日謁杜工部祠……三六
甲戌人日謁杜工部祠……三七
聞道 白日黃鷄……三七
阜昌 甲申冬作時卧病成都存仁醫院……三八
甲申除夕自成都存仁醫院歸家後作……三八
甲申除夕病榻作時目疾頗劇離香港又三年矣……三九
目疾久不瘉書恨……三九
乙酉春病目不能出户室中案頭有瓶供海棠折枝忽憶舊居燕郊清華園寓廬手植海棠感賦……四〇
目疾未瘉擬先事休養再求良醫以五十六字述意不是詩也……四一
詠成都華西壩……四一
憶故居 并序……四二

五十六歲生日三絶　乙酉仲夏五月十七日……四三
十年詩用聽水齋韻　幷序……四三
與公逸夜話用聽水齋韻……四四
夏日聽讀報……四五
乙酉新曆七夕　成都新民晚報近聞……四六
乙酉七七日聽人說水滸新傳適有客述近事感賦……四六
玄菟……四七
余昔寓北平清華園嘗取唐代突厥回紇土蕃石刻補正史事今聞時議感賦一詩……四八
漫成……四八
乙酉八月十一日晨起聞日本乞降喜賦……四九
漫誇　乙酉八月作……四九
連日慶賀勝利以病目不能出女嬰美延亦病相對成一絶……五〇
乙酉八月二十七日閱報作……五〇
報載某至重慶距西安事變將十年矣……五一

成都秋雨……五一
乙酉九月三日日本簽訂降約於江陵感賦……五二
春帆樓 并序……五二
新清平調一首……五三
乙酉秋赴英療治目疾自印度乘水上飛機至倫敦途中作……五三
乙酉秋來英倫療治目疾遇熊式一君以所著英文小説天橋見贈即題贈二絶句……五四
乙酉冬夜卧病英倫醫院聽人讀熊式一君著英文小説名天橋者中述光緒戊戌
李提摩太上書事憶壬寅春隨先兄師曾等東遊日本遇李教士於上海教士作
華語曰君等世家子弟能東遊甚善故詩中及之非敢以烏衣故事自況也……五五
南朝……五六
北朝……五六
來英治目疾無效將返國寫刻近撰元白詩箋證……五七
大西洋舟中記夢……五七
丙戌春遊英歸國舟中作……五八

丁亥元夕用東坡韻……五八
丁亥春日清華園作……五九
丁亥春日閲花隨人聖盦筆記深賞其遊暘臺山看杏花詩因題一律……五九
題花隨人聖盦摭憶後……六〇
無題 詠張群内閣……六〇
丁亥除夕作……六一
戊子元夕放燄火呼鄰舍兒童聚觀用東坡韻作詩紀之……六一
清華園寓廬手植海棠 戊子陽曆三月廿五日作……六二
寄卞孝萱 卞以書來乞詩以彰母節因賦此詩以寄……六二
戊子陽曆十二月十五日於北平中南海公園勤政殿門前登車至南苑乘飛機
途中作並寄親友……六三
丙戌春旅居英倫療治目疾無效取海道東歸戊子冬復由上海乘輪至廣州
感賦 陽曆一月十六日由滬發十九日抵穗……六三
己丑元旦作時居廣州康樂九家村……六四

己丑送春 陽曆三月廿五日……六五
己丑清明日作用東坡韻……六五
己丑夏日……六六
己丑廣州七夕……六六
青鳥……六七
哀金圓 己丑夏作……六七
報載某會中有梅蘭芳之名戲題一絶……六九
歌舞……六九
純陽觀梅花……七〇
葉遐庵自香港寄詩詢近狀賦此答之……七〇
己丑除夕題吴辛旨詩……七一
庚寅人日……七一
庚寅元夕用東坡韻……七二
庚寅春日答吴雨僧重慶書……七二

庚寅仲夏友人繪清華園故居圖見寄不見舊時手植海棠感賦一詩即用戊子春日原韻……七三
庚寅廣州七夕……七三
庚寅廣州中秋作……七四
霜紅龕集望海詩云「一燈續日月不寐照煩惱不生不死間如何為懷抱」感題其後……七四
答曉瑩辛卯元旦見贈……七五
唐篔原作……曉　瑩　七五
辛卯廣州元夕用東坡韻……七六
辛卯廣州元夕與寅恪同用東坡韻……曉　瑩　七六
首夏病起……七七
和寅恪首夏病起……曉　瑩　七七
文章……七八
舊史……七八
辛卯廣州端午……七九
寄瞿兑之……七九

乙酉居成都五十六歲初度有句云「願得時清目復朗扶攜同泛峽江船」
辛卯寓廣州六十二歲生日忽憶前語因作二絶並贈曉瑩……八〇
廣雅堂詩集有詠海王村句云「曾聞醉漢稱祥瑞何況千秋翰墨林」
昨聞客言琉璃廠書肆之業舊書者悉改業新書矣……八一
辛卯七夕……八一
舊曆七月十七日贈曉瑩……八二
答韻……曉瑩 八二
送朱少濱教授退休卜居杭州……八三
有感 辛卯舊曆八月初十日……八三
答冼得霖陳植儀夫婦……八四
題與曉瑩結婚廿三年紀念日合影時辛卯秋寄寓廣州也……八四
卜式……八五
改舊句寄北 參丁亥春日清華園作……八五
經史……八六

題冼玉清教授修史圖……八六
壬辰廣州元夕收音機中聽張君秋唱祭塔……八七
詠校園杜鵑花……八七
壬辰春日作……八八
男旦……八八
偶觀十三妹新劇戲作……八九
項羽本紀……八九
呂步舒……九〇
春秋……九〇
曉瑩生日賦一詩為壽……九一
曉瑩祖南注公光緒戊戌春間所書詩幅寅恪昔年旅居香江時值太平洋之戰
略有毀損今重裝畢敬題四絶句於後其第三第四兩首乃次原韻也……九二
南注生原作……九三
癸巳元旦贈曉瑩……九三

廣州癸巳元夕用東坡韻……九四
寄朱少濱杭州……九四
寄朱少濱之二……九五
次前韻再贈少濱……九五
次韻和朱少濱癸巳杭州端午之作……九六
癸巳六月十六夜月食時廣州苦熱再次前韻……九六
熱不成寐次少老聞停戰詩韻……九七
癸巳七夕……九七
廣州贈別蔣秉南……九八
次韻答龍榆生……九八
癸巳秋夜聽讀清乾隆時錢唐才女陳端生所著再生緣卷十七第六十五回中「惟是此書知者久浙江一省徧相傳髫年戲筆殊堪笑反勝那淪落文章不值錢」之語及陳文述西泠閨詠卷十五繪影閣詠家□□詩「從古才人易淪謫悔教夫壻覓封侯」之句感賦二律……九九
客南歸述所聞戲作一絶……一〇〇

答北客……一〇〇
詠黃籐手杖 并序……一〇一
答龍榆生……一〇二
癸巳除夕題曉瑩畫梅……一〇二
甲午元旦題曾農髯丈所畫齊眉綏福紅梅圖 圖爲瑩寅結婚時洞房壁間所懸畫幅也……一〇三
寄題社稷壇牡丹畦 葉遐庵移植……一〇三
甲午嶺南春暮憶燕京崇效寺牡丹及青松紅杏卷子有作 二絕……一〇四
戲和榆生先生荔枝七絕……一〇四
題初學集 并序……一〇五
甲午春朱叟自杭州寄示觀新排長生殿傳奇詩因亦賦答絕句五首
近戲撰論再生緣一文故詩語牽連及之也……一〇六
甲午廣州中秋……一〇七
錢受之東山詩集末附甲申元日詩云「衰殘敢負蒼生望自理東山舊管絃」
戲題一絕……一〇七

聞歌……一〇八
貧女 甲午季秋……一〇八
無題……一〇九
讀昌黎詩遥想燕都花事……一〇九
詠燕郊舊園……一一〇
黄皆令畫扇有柳如是題陳臥子滿庭芳詞詞云「無非是怨花傷柳一樣怕黄昏」
感賦二絶……一一〇
讀梅村題鴛湖閨詠戲用彩筆體為賦一律……一一一
乙未陽曆元旦作時方箋釋錢柳因緣詩未成也……一一一
乙未陽曆元旦詩意有未盡復賦一律……一一三
乙未舊曆元旦讀初學集崇禎甲申元日詩有「衰殘敢負蒼生望重理東山舊管絃」
之句戲成一律……一一三
乙未人日……一一三
曉瑩昔年賃宅燕都西城浸水河庭中植柳四株以白堊塗樹身望之如白皮松

乙未春日與曉瑩同寓廣州偶憶及之感賦一律……一一三
答寅恪偶憶北京浸水河故居原韻……曉瑩 一一四
乙未五月朔曉瑩生日賦贈……一一四
和曉瑩題陳眉公梅花詩畫册絶句……一一五
題陳眉公梅花詩畫册一絶……曉瑩 一一五
詠紅豆 幷序……一一六
乙未七夕讀義山馬嵬詩有感……一一六
舊曆七月十七日為瑩寅結婚紀念日賦一短句贈曉瑩……一一七
答寅恪七月十七日贈句次原韻……曉瑩 一一七
乙未中秋夕贈内即次去歲中秋韻……一一八
和寅恪乙未中秋見贈次原韻……曉瑩 一一八
余季豫先生輓詞二首……一一九
題唐玉虬悼亡奇痛記一絶 文盲陳寅恪……一一九
乙未迎春後一日作……一二〇

乙未除夕卧病强起與家人共餐感賦檢點兩年以來著作僅有論再生緣及
錢柳因緣詩箋釋二文故詩語及之也……一二〇
丙申春日偶讀杜詩「唯見林花落」之句戲成一律……一二一
從化温泉口號二首……一二一
丙申六十七歲初度曉瑩置酒為壽賦此酬謝……一二二
丙申七夕作時蘇彝士運河問題方甚囂塵上也……一二二
戲題余秋室繪河東君初訪半野堂小影……一二三
聽讀夏瞿禪新著姜白石合肥本事詞即依見贈詩原韻酬之……一二四
丁酉上巳前二日廣州京劇團及票友來校清唱即賦三絶句……一二四
前題余秋室繪河東君訪半野堂小影詩意有未盡更賦二律 丁酉……一二五
丁酉首夏贛劇團來校演唱牡丹對藥梁祝因緣戲題一詩……一二六
丁酉首夏校園印度象鼻竹結實大如梨曉瑩學寫其狀寅恪戲題二絶……一二六
丁酉五日客廣州作……一二七
答王嘯蘇君 三絶句……一二七

丁酉陽曆七月三日六十八歲初度適在病中時撰錢柳因緣詩釋證尚未成書更不知何日可以刊佈也感賦一律……一二八
用前題意再賦一首年來除從事著述外稍以小說詞曲遣日故詩語及之……一二八
丁酉七夕……一二九
題王觀堂人間詞及人間詞話新刊本……一二九
箋釋錢柳因緣詩完稿無期黃毓祺案復有疑滯感賦一詩……一三〇
南海世丈百歲生日獻詞……一三〇
遥祝少濱先生八十生日即次自述詩原韻……一三一
春盡病起宴廣州京劇團并聽新谷鶯演望江亭所演與張君秋微不同也 七律三首……一三一
邏些 七律一首……一三二
己亥七夕作前二日立秋 七律一首……一三三
聽演桂劇改編桃花扇劇中香君沈江而死與孔氏原本異亦與京劇改本不同也……一三三
觀桂劇桃花扇劇中以香君沈江死為結局感賦二絶……一三四

庚子春張君秋來廣州演狀元媒新劇時有人於臺前攝影戲作一詩 …… 一三四
又別作一首 …… 一三五
題先大兄畫桂花册 …… 一三五
寄題小五柳堂卷子 …… 一三六
失題 …… 一三六
寄懷杭州朱少濱 …… 一三七
辛丑七月雨僧老友自重慶來廣州承詢近況賦此答之 …… 一三七
贈吴雨僧 …… 一三八
辛丑中秋 …… 一三八
辛丑除夕作 幷序 …… 一三九
壬寅元夕作用東坡二月三日點燈會客韻 …… 一四〇
壬寅元夕後七日二客過談因有所感遂再次東坡前韻 …… 一四〇
一九六二年三月二十九夕廣州京劇團新谷鶯諸君來中山大學清唱追感六年前舊事仍賦七絶三首以紀之 …… 一四一

壬寅清明病中作……一四一
憶燕山浸水河舊居賦此詩時為曉瑩生日即以是篇為壽可也……一四二
答寅恪偶憶北京浸水河故居原韻　壬寅孟夏……曉　瑩　一四二
壬寅中秋夕博濟醫院病榻寄内……一四三
壬寅小雪夜病榻作……一四三
入居病院療足疾至今日適為半歲而足疾未瘉擬將還家度歲
感賦一律　舊曆壬寅十二月十日……一四四
病中南京博物院長曾昭燏君過訪話舊並言將購海外新印李秀成供狀以詩紀之……一四五
癸卯正月十一日立春是夕公園有燈會感賦……一四五
癸卯元夕作用東坡韻……一四六
癸卯中秋作……一四六
十年以來繼續草錢柳因緣詩釋證至癸卯冬粗告完畢偶憶項蓮生鴻祚云「不為
無益之事何以遣有涯之生」傷哉此語實為寅恪言之也感賦二律……一四七
癸卯冬至日感賦……一四八

去歲大寒節後一日天氣晴和余自醫院還家今歲大寒節連日陰雨
感賦一律 癸卯十二月初七 …… 一四八
甲辰元旦余撰春聯云「豐收南畝春前雨先放東風嶺外梅」又除夕前買花數株
故第四句第六句述其事也 …… 一四九
甲辰人日作 …… 一四九
甲辰元夕作次東坡韻 并序 …… 一五〇
甲辰春分日贈向覺明 三絶 …… 一五〇
甲辰四月贈蔣秉南教授 …… 一五一
贈瞿兑之 …… 一五一
甲辰天中節即事和丁酉端午詩原韻 …… 一五二
戲題有學集高會堂詩後 …… 一五二
戲集唐人成句 …… 一五三
稿竟説偈 …… 一五三
稿竟説偈 …… 一五四

甲辰五月十七日七十五歲初度感賦 …… 一五四
戲賦反落花詩一首次聽水齋落花詩原韻 …… 一五五
題小忽雷傳奇舊刊本 …… 一五五
立秋前數日有陣雨炎暑稍解喜賦一詩 …… 一五六
戲續杜少陵秋興詩「劉向傳經心事違」句成七絶一首 …… 一五六
甲辰舊曆七月十七日為寅恪與曉瑩結婚紀念日，當日余堯衢肇康丈贈以一聯曰
「天孫七夕展佳期」今此聯尚存焉 …… 一五七
病中喜聞玉清教授歸國就醫口占二絶贈之 …… 一五七
題畫二首 …… 一五八
蜀葵 …… 一五八
黄菊 …… 一五八
偶成 五律一首 …… 一五九
一榻 七律一首 …… 一五九
寒夕 …… 一六〇

解嘲 一絶……一六〇
枕上偶憶建炎以來繫年要録所載何縝絶命詩因戲次其韻亦作一首誠可謂無病而呻者也……一六一
歲暮背誦桃花扇餘韻中哀江南套以遣日聊賦一律……一六一
除夕前夕買蠟梅水仙各一株除夕忽有風雨口占一絶……一六二
聞甲辰除夕廣州花市有賣牡丹者戲作一絶……一六二
甲辰廣州除夕作 時家人皆病……一六三
乙巳廣州元旦作……一六三
乙巳正月三日立春作……一六四
乙巳人日作 七律……一六四
乙巳元夕前二日始聞南京博物院院長曾昭燏君逝世於靈谷寺追輓一律……一六五
乙巳元夕次東坡韻……一六六
乙巳元夕倒次東坡韻……一六六
乙巳春夜忽聞風雨聲想園中杜鵑花零落盡矣為賦一詩……一六七

乙巳清明日作次東坡韻……一六七
高唱……一六八
乙巳春盡有感……一六八
乙巳七夕……一六九
展七夕詩并序……一六九
乙巳中秋作……一七〇
有感……一七一
重九日作……一七一
十月二日下午冼玉清教授逝世四日始聞此輓冼玉清教授……一七二
乙巳冬日讀清史后妃傳有感於珍妃事為賦一律……一七二
又題紅梅圖一律圖為寅恪與曉瑩結褵時曾農髯丈熙所繪贈迄今將四十載矣……一七三
丙午元旦作……一七四
丙午元夕立春作仍次東坡韻……一七四
丙午春分作……一七五

丙午清明次東坡韻……一七五

對聯

贈清華國學研究院學生……一七九
王觀堂先生輓聯……一八〇
贈羅家倫……一八一
代吴宓撰吴曾愈夫人輓聯……一八一
輓羅幼珊先生……一八二
國文試題……一八三
輓許地山先生……一八四
賀張公逸先生王憲鈿女士嘉禮……一八四

贈聞在宥先生……一八五
集蘇東坡詩句……一八六
輓李滄萍教授……一八六
春聯 丁酉元旦……一八七
贈冼玉清教授春聯 丁酉元旦……一八七
贈廣州京劇團……一八八
賀曉瑩六十生日……一八九
甲辰元旦撰春聯……一八九
輓曉瑩……一九〇

附 唐篔詩存

臥病北京法國醫院病起作……一九三

和寅恪飛昆明赴英醫眼疾……一九三
飛昆明赴英醫眼疾……寅　恪　一九四
同寅恪純陽觀尋梅……一九四
嶺南大學歡送軍幹大會有感　庚寅臘月初九陽曆一月十六日在車站
其一……一九五
其二……一九五
母別子……一九六
友送友　某女生因未被録取痛哭失聲亦來送友……一九六
香港母親……一九七
詠「軍幹番茄」　陽曆一月十九日廣州參加軍事幹部學校學員出發嶺南大學農學院李沛文院長命名「軍幹番茄」……一九七
寄大姊　庚寅大寒日……一九八
寄九妹　庚寅大寒後二日陰雨……一九八
無題　寄友……一九九

珠江遠眺 一月廿六日晨 …… 一九九
寄流求寒衣 庚寅大寒後一月廿六日燈下作 …… 二〇〇
祀竈 庚寅臘月廿三日戲作 …… 二〇〇
除夕 庚寅除夕作 …… 二〇一
辛卯廣州人日 …… 二〇一
辛卯元夕 …… 二〇二
辛卯廣州春日雜感 辛卯元夕後五日 …… 二〇二
憶故鄉二首 幷序 …… 二〇三
憶良豐山居 …… 二〇三
憶半山小築 …… 二〇四
憶成都華西壩寓居 …… 二〇四
重讀陶淵明桃花源記有感 辛卯冬日病中作 …… 二〇五
答五年前懷妹見贈詩次韻 …… 二〇五
懷妹原作 曉瑩注：五年前全家出川過金陵懷妹自蘇州來晤見贈一首 …… 二〇六

哭從姊琬玉夫人 并序……二〇六
其二……二〇八
其三……二〇九
其四……二一〇
詠紅梅 友人贈紅梅一枝……二一一
病中度辛卯除夕……二一一
贈頌姍夫人 辛卯除夕……二一二
辛卯除夕答謝黃萱夫人贈水仙花……二一二
壬辰元旦……二一三
詠水仙……二一三
其一……二一三
其二……二一四
別水仙 曉瑩寅恪聯句一絶……二一四
壬辰人日作……二一五

壬辰元夕病中作 用東坡韻 …… 二一五
壬辰春二月初九答謝頌姍夫人贈躑躅花 即杜鵑花 …… 二一六
詠嶺南躑躅花 一名山石榴一名杜鵑花 …… 二一六
壬辰仲春觀嶺南大學校園杜鵑花因憶故鄉山居之樂遂成長句以記之 …… 二一七
別杜鵑花 壬辰立春後一月作 …… 二一八
廣州木棉花 壬辰仲春作 …… 二一九
曉瑩寅恪前題聯句 …… 二一九
再詠木棉花 …… 二二〇
謝友人贈新種絳色玫瑰 …… 二二〇
壬辰五月十七答贈寅恪 并記嶺南寓園景物 …… 二二一
癸巳七月病中送流彭二女各赴工作地 …… 二二一
又 癸巳秋八月作 …… 二二二
癸巳秋日病中作 …… 二二二

哭王啓潤表妹 癸巳秋八月病中作……二三三
廣州贈蔣秉南先生……二三三
十月八日追憶今夏風雨中觀木棉花有感作……二三四
前題又詠……二三四
高樓 癸巳冬病中作……二三五
憶髫年 寄蘇州懷妹……二三五
前題寄沈家表姊妹……二三六
哭沈保均表妹 癸巳臘月初二作……二三六
乙未春日病起看杜鵑花謹次先姑庚戌寒食病中作原韻……二三七
乙未五月十七日寅恪六十六歲初度賦一律為壽 時值廣州芒果荔枝豐收也……二三八
在生產前線上……二三八
己亥中秋戲題舊鬧鐘……二三九
辛丑秋廣州贈雨僧先生……二三九
送雨僧先生重遊北京……二三〇

詩

庚戌柏林重九作 時聞日本合併朝鮮

昔時嘗笑王政君，臘日黑貂獨飲酒。長陵鬼餒漢社屋，區區節物復何有。今來西海值重陽，思問黃花呼負負。登臨無處覓龍山，閉置高樓若新婦。偶然東望隔雲濤，夕照蒼茫怯回首。驚聞千載箕子地，十年兩度遭屠剖。璽綬空辭上國封，傳車終嘆降王走。欲比虞賓亦未能，伏見猶居昌德右。日本併朝鮮，封其主爲昌德君，位列伏見宮下。陶潛已去羲皇久，我生更在陶潛後。興亡今古鬱孤懷，一放悲歌仰天吼。

（一九一〇年十月）

追憶遊那威詩 幷序

宣統三年春，余旅居柏林。脚氣舊病復作，於是轉地療養，北遊那威，二旬而痛。遊踪所至，頗有題詠。今幾盡忘之矣，偶憶得詩三首，因追記之。其三首之七八兩句，乃三十四年後所補成者，當時原作何語實不可知也。

北海舟中

孤懷入海彌難説，水鳥舟人共此遊。束地巨環迎北小，拍天萬水盡南流。
斜陽大月中宵見，Midnight Sun 爲那威奇景。故國新聲一笑休。舟人共唱波蘭新曲。忽憶江南黃篾舫，
幾時歸去作遨頭。是時余家居金陵。

易卜生墓

清遊十日館冰霜，來弔詞人暖肺腸。東海何期通寤寐，北歐今始有文章。踈星冷月全天趣，白雪滄波綴國妝。那威女郎多衣繡衣一襲，所謂國妝者是也。余取以喻易卜生作品。平淡恢奇同一笑，大槌碑下對斜陽。墓碑上刻有大槌一具。

皮桓生墓

嗟予渺渺偏能至，惜汝離離遽已陳。士有相憐寧識面，生原多恨此傷神。藏名馬鬣非無意，墓無碑碣，不識何意。投老龍心稍未馴。回首鄉關三萬里，千年文海亦揚塵。

（一九一一年春）

宣統辛亥冬大雪後乘火車登瑞士恩嘉丁山頂作 時將歸國

造物作畫真奇恢，下筆不假丹與煤。粉白一色具深意，似為俗眼揩塵埃。
車行蜿蜒上絕壁，蒼龍翹首登銀臺。杉松夾道戴冰雪，風過撞擊鳴瓊瑰。
碧泉噴沫流澗底，恍若新瀉葡萄醅。直須酌取供渴飲，惜我未辦玻璃杯。
我生東南山水窟，亦涉弱水遊蓬萊。每逢雪景輒探賞，何曾見此千玉堆。
車窗凝望驚歎久，鄉愁萬里飛空來。

（一九一一年冬）

自瑞士歸國後旅居上海得胡梓方朝樑自北京寄書並詩賦此答之 王子春

千里書來慰眼愁，陳後山詩云：「書來慰愁眼。」如君真解殉幽憂。優游京洛為何世，轉徙江湖接勝流。螢嘒乾坤矜小照，蛩心文字感長秋。西山亦有興亡恨，寫入新篇更見投。

（一九一二年春）

法京舊有選花魁之俗余來巴黎適逢其事偶覽國内報紙忽覩大總統爲終身職之議戲作一絶

歲歲名都韻事同，又驚啼鴂喚東風。花王那用家天下，佔盡殘春也自雄。

（一九一三年）

* * *

癸丑冬倫敦繪畫展覽會中偶見我國新嫁娘鳳冠感賦 此三十八年前舊作庚寅冬偶憶得之

氍毹迴首暗雲鬟，兒女西溟挹袖看。故國華胥今夢破，洞房金雀尚人間。
承平舊俗憑誰問，文物當時賸此冠。殘域殘年原易感，又因觀畫淚汍瀾。

（一九一三年）

編者注：本律第七句「殘域」疑爲「殊域」繕寫之誤。

無題

亂眼繁枝照夢痕，尋芳西出憶都門。金犢舊遊迷紫陌，玉龍哀曲怨黄昏。花光坐惱鄉關思，燭燼能温兒女魂。絶代吴姝愁更好，天涯心賞幾人存。

（一九一九年三月）

編者注：此詩録自吴宓自編年譜。據年譜：「己未二月，寅恪讀張默君女士遊康橋即景作二絶句（自注美洲無梅），後有所感，遂作詩一首，未寫題，當是詠梅兼贈梅光迪君。」

* * *

紅樓夢新談題辭

等是閻浮夢裏身，夢中談夢倍酸辛。青天碧海能留命，赤縣黄車更有人。虞初號黄車使者。世外文章歸自媚，燈前啼笑已成塵。春宵絮語知何意，付與勞生一愴神。

（一九一九年三月）

編者注：此詩録自吴宓詩集。吴宓注：「按紅樓夢新談係宓民國八年春在哈佛大學中國學生會之演説。其稿後登民心週報第一卷十七及十八期。」

影潭先生避暑居威爾士雷湖上戲作小詩藉博一粲

五月清陰似晚春，叢蘆高柳易曛晨。少迴詞客哀時意，來對神仙寫韻人。
赤縣雲遮非往日，綠窗花好是閒身。頻年心事秋星識，幾照湖波換笑顰。

（一九一九年）

編者注：此詩收入吳宓詩集時，題改爲「遊威爾士雷湖即贈汪君典存」。第八句作「幾照湖光換笑顰」。

* * *

留美學生季報民國八年夏季第二號讀竟戲題一絕

文豪新製愛情衡，公式方程大發明。始悟同鄉女醫士，挺生不救救蒼生。

（一九一九年）

編者注：此詩錄自吳宓己未年日記。挺生爲人名。

春日獨遊玉泉靜明園

猶記紅牆出柳根，十年重到亦無存。園林故國春蕪早，景物空山夕照昏。回首平生終負氣，此身未死已銷魂。徐騎省南唐後主輓詞：「此身雖未死，寂寞已銷魂。」人間不會孤遊意，歸去含悽自閉門。

編者注：此律錄自吳宓丁卯年日記。

（一九二七年春）

* * *

輓王靜安先生

敢將私誼哭斯人，文化神州喪一身。越甲未應公獨恥，甲子歲馮兵逼宫，柯羅王約同死而不果。丁卯馮部將韓復榘兵至燕郊，故先生遺書謂「義無再辱」，意即指此。遂踐舊約，自沈於昆明湖，而柯羅則未死。余詩「越甲未應公獨恥」者，蓋指此言。王維老將行「恥令越甲鳴吾君」，此句所本。事見劉向說苑。湘纍寧與俗同塵。吾儕所學關天意，竝世相知妬道真。贏得大清乾净水，年年嗚咽說靈均。

（一九二七年六月）

*　*　*

王觀堂先生輓詞 幷序

或問觀堂先生所以死之故。應之曰：近人有東西文化之說，其區域分劃之當否，固不必論，即所謂異同優劣，亦姑不具言；然而可得一假定之義焉。其義曰：凡一種文化值衰落之時，為此文化所化之人，必感苦痛，其表現此文化之程量愈宏，則其所受之苦痛亦愈甚；迨既達極深之度，殆非出於自殺無以求一己之心安而義盡也。吾中國文化之定義，具於白虎通三綱六紀之說，其意義為抽象理想最高之境，猶希臘柏拉圖所謂Eidos者。若以君臣之綱言之，君為李煜亦期之以劉秀；以朋友之紀言之，友為酈寄亦待之以鮑叔。其所殉之道，與所成之仁，均為抽象理想之通性，而非具體之一人一事。夫綱紀本理想抽象之物，然不能不有所依託，以為具體表現之用；其所依託以表現者，實為有形之社會制度，而經濟制度尤其最要者。故所依託者不變易，則依託者亦得因以保存。吾國古

唐篔錄作者語：王先生自沉後，余當日曾撰七律一首及一聯輓之，意有未盡，故復賦長篇也。

甲午元夕蔣天樞補記：癸巳秋遊粵，侍師燕談，間涉及晚清掌故及與此詩有關處，歸後因記所聞，箋注於詩句下。

編者注：作者丁卯（一九二七）年作輓詞（幷序）時未寫注，現刊出之詩注，爲作者弟子復旦大學蔣天樞教授甲午

來亦嘗有悖三綱違六紀無父無君之説，如釋迦牟尼外來之教者矣，然佛教流傳播衍盛昌於中土，而中土歷世遺留綱紀之説，曾不因之以動摇者，其説所依託之社會經濟制度未嘗根本變遷，故猶能藉之以為寄命之地也。近數十年來，自道光之季，迄乎今日，社會經濟之制度，以外族之侵迫，致劇疾之變遷；綱紀之説，無所憑依，不待外來學説之掊擊，而已銷沉淪喪於不知覺之間；雖有人焉，强聒而力持，亦終歸於不可救療之局。蓋今日之赤縣神州值數千年未有之鉅劫奇變；劫盡變窮，則此文化精神所凝聚之人，安得不與之共命而同盡，此觀堂先生所以不得不死，遂為天下後世所極哀而深惜者也。至於流俗恩怨榮辱委瑣齷齪之説，皆不足置辨，故亦不之及云。

（一九五四）年根據作者所述，補箋於詩句下者。序中 Eidos 一詞，上海古籍出版社一九八〇年版寒柳堂集寅恪先生詩存中刊爲 Idea，因作者考慮：「希臘字難寫易誤，故改用英文。但字雖同而意則大異也。」

漢家之厄今十世，（宋汪藻浮溪集載代隆祐后孟氏所草高宗即位詔有云：「漢家之厄十世，宜光武之中興；獻公之子九人，惟重耳之尚在。」宋徽宗子多人，惟高宗繼，故云。清代自順治至宣統適爲十朝。）不見中興傷老至。一死從容殉大倫，千秋悵望悲遺志。曾賦連昌舊苑詩，興亡哀感動人思。豈知長慶才人語，竟作靈均息壤詞。（王先生壬子春在日本時，作長詩頤和園詞述晚清事，中有句云：「昆明萬壽佳山水，中間宮殿排雲起。拂水回廊千步深，冠山傑閣三層峙。」後竟自沈排雲殿前湖中。）依稀廿載憶光宣，猶是開元全盛年。（杜工部憶昔詩云：「憶昔開元全盛日。」）海宇承平娛旦暮，京華冠蓋萃英賢。當日英賢誰北斗，南皮太保方迂叟。（南皮卒後追贈太保。抱冰堂弟子記載，文襄自比司馬光。迂叟，温公自號也。）忠順勤勞矢素衷，文襄嘗自言，在武昌時自比於陶侃之忠順勤勞。故鄭孝胥海藏樓詩有「忠順勤勞是本根」之句。晉書陶侃傳梅陶論侃有「忠順勤勞似孔明」之語也。陳曾壽讀廣雅堂詩一文中載：「蘇堪一日（侍文襄）雅座便談，謂公方之古人，所謂忠順勤勞似孔明也。公爲之起立，謙讓不遑，而慨歎首肯者再，蓋深知公之心者。」又言：「文襄生平以陶侃自況，其過桓公祠詩云：虛譽迴翔殊庾亮，替人辛苦覓谿期。」中西體用資循誘。文襄著勸學篇，主中學爲體，西學爲用。總持學部攬名流，文襄以軍機大臣協辦大學士管理學部事務。樸學高文一例收。圖籍藝風充館長，名詞瘉埜領編修。瘉埜謂嚴幾道復，復有瘉埜堂詩集。校讎鞮譯憑誰助，學部有名詞編譯館，以嚴復主之。又有京師圖書館，以繆荃孫主之。王先生當日雖頗譯外國書，其實並與繆嚴無關涉。此詩句不過承上文「攬名流」之語，羅叔言見此詩，遺書辨釋，蓋未瞭解詩意也。海寧大隱潛郎署。王先生於光緒三十二年丙午隨羅叔言至京，次年以榮慶薦在學部總務司行走，充學部圖書館編輯。是後數年間專力於詞曲。文選王康琚反招隱詩：「小隱隱陵藪，大隱隱朝市。」入洛才華正妙年，渡江流輩推清譽。閉門人海恣冥搜，董白關王供討求。剖別派流施品藻，宋元戲曲有陽秋。王先生於此時初草宋元戲曲史，後改稱宋元大曲考。先生嘗語余，戲曲史之名可笑，蓋嫌其名不雅且範圍過廣不切合內容也。沈酣朝野仍如故，巢燕何曾危幕懼。君憲徒聞俟九年，廟謨已是爭孤注。當時預備立憲十年，清廷迫於在野輿論，減少一年，正宋人謂寇準勸真宗渡河爲爭最後之孤注也。羽書一夕警江城，倉卒元戎自出征。武漢革命軍興，陸軍部大臣蔭昌親率兵至武漢，一戰而敗。初意潢池嬉小盜，遽驚烽燧照神京。養兵成賊嗟翻覆，指黎元洪。孝定臨朝空痛哭。袁世凱任總統後宋育仁著共和真諦，大旨謂共和之名起於周厲王失位，共和伯乃周室大臣，暫時攝政，俟宣王年長乃歸政焉，世凱應亦如此。勞乃宣爲其書作序。世凱乃下令自述其柄政之由，有「孝定景皇后臨朝痛哭」之語。育仁本王闓運高弟，時任職國史館。玉初蕓子皆清季名流。袁乃押解宋育仁還四川原籍，勞居青島，袁不能加罪，於是國史館長湘綺翁不得不南歸矣。再起妖腰亂領臣，杜大食寶刀歌有「妖腰亂領」之句。遂傾寡婦孤兒族。晉書載記石勒傳：勒曰：大丈夫行事當礌礌落落，如日月皎然，終不能如曹孟德、司馬仲達父子，欺他寡婦孤兒，狐媚以取天下也。「養兵」下四句全詩綱領，清室之亡可以此四句簡括之也。大都城闕滿悲笳，北京元號大都。詞客哀時未返家。自分琴書終寂寞，豈期舟楫伴生涯。回望觚棱涕泗漣，波濤重泛海東船。先生早歲遊學日本，清帝遜位後復從羅叔言重遊日本。生逢堯舜成何世，去作夷齊各自天。江東博古矜先覺，指羅雪堂。羅隱有江東甲乙集。避地相從勤講學。島國風光換歲時，鄉關愁思增綿邈。大雲書庫富收藏，古器奇文日品量。考釋殷書開盛業，鉤探商史發幽光。羅叔言得敦煌石室六朝寫本大雲經殘本，因以名其書庫。王先生此時始從事甲骨考古之學，與其前所研究者範圍不同矣。當世通人數舊遊，外窮瀛渤內神州。伯沙博士同揚搉，法人伯希和、沙畹兩博士。海日尚書互倡酬。沈曾植，宣統復辟時學部大臣，有海日樓詩集。法國漢學者曾勸羅王兩先生往遊巴黎，然終不果。余之得識伯希和於巴黎，由先生作書介紹也。先生詩集中有與沈乙庵唱和詩，蓋返自日本居上海時所作。東國儒英誰地主，藤田狩野内藤虎。日人藤田豐八、狩野直喜、内藤虎次郎。内藤別號湖南。羅先生昔年在上海設東文翻譯社，延藤田豐八講授日文。先生從之受學。故此句三人中列藤田第一，不僅音韻關係。至於内藤虎列第三，則以虎字爲韻脚之故，其實此三人中，内藤虎之學最優也。豈便遼東老幼安，還如舜水依江户。明代遺老朱舜水避地日本，日人從之受學。當時日本國政在大將軍。大將軍居江户，即今之東京。舜水之得居日本，大將軍力也。高名終得徹宸聰，徹奉南齋禮數崇。（王先生以大學士升允薦，與袁勵準、楊宗羲、羅振玉同入直南書房。清代舊制，在南書房行走者多爲翰林甲科。袁楊固翰林，羅雖非由科第顯，然在清末已任學部參事。先生僅以諸生得預兹選，宜其有國士知遇之感也。）屢檢秘文升紫殿，曾聆法曲侍瑶宫。（先生嘗奉命在景陽宫檢查書籍，又在御花園漱芳齋敕賜官戲。）文學承恩值近樞，鄉賢敬業事同符。（查初白慎行康熙時侍尚書房，有敬業堂集。查亦海寧人也。）君期雲漢中興主，臣本煙波一釣徒。（查集謝賜魚詩有「笠簷蓑袂平生夢，臣本煙波一釣徒」句。）是歲中元周甲子，（康有爲詩有句云：「中元甲子天心復。」蓋前一甲子在同治時，世稱中興也。）神臯喪亂終無已。堯城雖局小朝廷，（水經注有囚堯城。）漢室猶存舊文軌。（辛亥優待條件許可宫中仍用舊制度。）忽聞擐甲請房陵，奔問皇輿泣未能。（杜甫贈狄明府詩云：「梁公之孫我姨弟。」又云：「宫中下詔請房陵，前朝長老皆流涕。」房陵謂中宗。）優待珠槃原有誓，宿陳芻狗遽無憑。（珠槃見周禮。庚子山哀江南賦云：「載書横階，捧珠槃而不定。」清室之遜位，蓋由奕劻、袁世凱給隆裕太后以優待條件如盟誓之可保信，有國際條約之性質云云。）神武門前御河水，好報（曾作思把。）深恩酬國士。南齋侍從欲自沈，（指羅振玉。南齋，南書房。）北門學士邀同死。（北門學士指柯紹忞。柯爲翰林院侍講學士。唐高宗時詔文學之士於北門討論，故以北門爲翰林院之代稱。羅柯曾約王共投神武門外御河殉國，卒不果，後王先生之自沈昆明湖，實有由也。）魯連黄鷂績溪胡，（昌黎集嘲魯連子詩：「魯連細而黠，有似黄鷂子。田巴兀老蒼，憐汝矜爪觜。」蓋王先生之入清華，胡所薦也。）獨為神州惜大儒。學院遂聞傳絶業，園林差喜適幽居。清華學院多英傑，其間新會稱耆哲。舊是龍髯六品臣，（梁先生於戊戌以舉人資格特賞六品頂戴，辦理編譯事宜。）後躋馬廠元勳列。梁先生通電中比張勳爲朱温，亦間詆康。費仲深樹蔚詩云：「首事固難同翟義，元兇何至比朱温。」梁先生當張勳復辟時避居天津租界，與段祺瑞乘騾車至馬廠段部將李長泰營中，遂舉兵。所發通電中並詆及南海，實可不必，余心不謂然，故此詩及之。「龍髯六品」「馬廠元勳」兩句屬對，略符趙甌北論吴梅村詩之旨。此詩成後即呈梁先生，梁亦不以爲忤也。鯫生瓠落百無成，敢並時賢較重輕。元祐黨家慚陸子，渭南集書啓有：「以元祐之黨家，話貞元之朝士。」又云：「哀元祐之黨家，今其餘幾；數紹興之朝士，久矣無多。」放翁祖父陸佃，名列元祐黨人碑。陸佃，荆公門人，後又爲司馬黨。西京羣盗愴王生。用王粲七哀詩意。粲祖父暢，漢三公。杜詩「羣盗哀王粲」。許我忘年為氣類，北海今知有劉備。後漢書孔融傳，融使人求救於平原相劉備，備驚曰：孔北海乃復知天下有劉備邪？曾訪梅真拜地仙，喻訪王。梅真即梅福，福字子真。世傳梅福爲地仙。梅真之稱，猶揚子雲可稱揚雲。梅福西漢避王莽之篡者也。漢書有傳。更期韓偓符天意。希王先生之不死也。玉山樵人集避地詩有「偷生亦似符天意」句。韓偓唐代避朱全忠之篡者也。新唐書有傳。回思寒夜話明昌，陳先生曾在清華工字廳與王先生話清朝舊事。遺山集除夜詩：「神功聖德三千牘，大定明昌五十年。甲子兩周今日盡，空將老淚灑吴天。」明昌，金章宗年號，金之盛世也。相對南冠泣數行。猶有宣南温夢寐，不堪灞上共興亡。遺山詩：「只知灞上真兒戲，誰謂神州竟陸沉。」蓋用周亞夫事，見史記、漢書。齊州禍亂何時歇，爾雅：「九州謂之齊州。」今日吾儕皆苟活。但就賢愚判死生，未應修短論優劣。駁陸懋德論王先生文中意。風義平生師友間，李義山哭劉蕡詩云：「平生風義兼師友，不敢同君哭寢門。」招魂哀憤滿人寰。他年清史求忠蹟，一弔前朝萬壽山。

（一九二七年秋）

寄傅斯年

不傷春去不論文，北海南溟對夕曛。正始遺音真絶響，元和新脚未成軍。
今生事業餘田舍，天下英雄獨使君。解識玉璫緘札意，梅花亭畔弔朝雲。

（一九二七年）

編者注：此詩錄自吴宓丁卯年日記。

*　*　*

戊辰中秋夕渤海舟中作

天風吹月到孤舟，哀樂無端託此遊。影底河山頻换世，愁中節物易驚秋。
初升紫塞雲將合，照澈滄波海不流。解識陰晴圓缺意，有人霧鬢獨登樓。

（一九二八年九月廿八日）

唐篔注：結婚未及一月，寅恪返北京，篔留滬爲葬母事不能同行。

編者注：吴宓鈔存稿此律題作「戊辰中秋渤海舟中望月有懷」，第七句作「贏得陰晴圓缺意」。

北大學院己巳級史學系畢業生贈言

羣趨東鄰受國史，神州士夫羞欲死。田巴魯仲兩無成，要待諸君洗斯耻。添賦迂儒「自聖狂」，讀書不肯為人忙。平生所學寧堪贈，獨此區區是秘方。

（一九二九年五月）

編者注：此詩錄自浦江清清華園日記。

* * *

題萍鄉文芸閣丈廷式雲起軒詩集中咸（葉刻本誤作感）通七律後

無端端己費題箋，此意追思一泫然。隔世相憐彌悵惘，平生多恨自纏綿。金輪武曌時還異，石窟文成夢已仙。莫寫浣花秦婦障，廣明離亂更年年。

（一九二九年）

閱報戲作二絕 庚午

弦箭文章苦未休，權門奔走喘吳牛。自由共道文人筆，最是文人不自由。

石頭記中劉老老，水滸傳裏王婆婆。他日為君作佳傳，未知真與誰同科。

（一九三〇年）

* * *

辛未九一八事變後劉宏度自瀋陽來北平既相見後即偕遊北海天王堂

曼殊佛土已成塵，猶覓須彌劫後春。天王堂前有石牌坊，鐫「須彌春」三字。遼海鶴歸渾似夢，玉灤龍去總傷神。耶律鑄雙溪醉隱集有「龍飛東海玉灤春」之句。空文自古無長策，大患吾今有此身。欲著辨亡還閣筆，衆生顛倒向誰陳。

（一九三一年）

編者注：吳宓鈔存稿題作「九一八東北淪陷後弘度自瀋陽來故都同遊北海公園天王堂感賦」。

和陶然亭壁間女子題句 詳見俞平伯和詩序

故國遙山入夢青，江關客感到江亭。沈乙庵先生海日樓集陶然亭詩云：「江亭不關江，偏感江關客。」不須更寫丁香句，轉怕流鶯隔世聽。

又一首

鍾阜徒聞蔣骨青，蔣子文骨青事出干寶搜神記。傳世干書通行本「青」字多誤作「清」或「輕」。也無人對泣新亭。南朝舊史真一作皆。平話，說與趙家莊裏聽。

（一九三二年）

編者注：「陶然亭壁間女子題句」指雪珊女史題壁詩：「柳色隨山上鬢青，白丁香折玉亭亭。天涯寫徧題書字，只怕流鶯不解聽。」（見民國二十一年十月十七日天津大公報文學副刊）

* * *

吳氏園海棠二首

其一 乙亥

此生遺恨塞乾坤，照眼西園更斷魂。蜀道移根銷絳頰，吳妝流盻伴黃昏。

編者注：吳氏園海棠二首錄自作者書贈吳宓（雨僧）手稿。第一首，寅恪先生詩存題目作「燕京西郊吳氏園海

尋春衹愽來遲悔，望海難温往夢痕。李德裕謂凡花木以海名者，皆從海外來，如海棠之類是也。欲折繁枝倍惆悵，天涯心賞幾人存。

（一九三五年）

其　二　丙子

無風無雨送殘春，一角園林獨愴神。讀史早知今日事，看花猶是去年人。夢回錦里愁如海，酒醒黄州雪作塵。聞道通明同換刼，緑章誰省淚霑巾。

（一九三六年）

棠」，其中第三句爲「蜀道移根銷絳靨」。吴宓於作者手稿後寫有附注：蔚秀園，在京西海甸附近，燕京大學之北鄰。本爲某王府別墅，近爲吴鼎昌（字達詮，號前溪，浙江吴興人，鹽業銀行總經理，後任侍從文官長，貴州省主席）買得。原名萃錦園，以海棠名。吴氏改名曰蔚秀園，宴客賦詩，往遊觀者甚衆。寅恪此二詩，用海棠典故（如蘇東坡詩）而實感傷國事世局（其一即Edgar Snow *Red Star Over China* 書之内容——「二萬五千里長征」）。初未詠題此園，或應酬吴氏也。（見吴學昭吴宓與陳寅恪，頁八一）

殘春

無端來此送殘春，一角湖樓獨愴神。讀史早知今日事，對花還憶去年人。
過江愍度饑難救，棄世君平俗更親。解識蠻山留我意，赤榴如火綠榕新。
家亡國破此身留，客館春寒却似秋。雨裏苦愁花事盡，窗前猶噪雀聲啾。
羣心已慣經離亂，孤注方看博死休。袖手沈吟待天意，可堪空白五分頭。

（一九三八年五月）

編者注：殘春七律二首，錄自吳宓詩集（續編）卷十四南渡集原始稿本。此詩一九三八年五月作於蒙自，第一首寅恪先生詩存題爲戊寅春晚蒙自樓居作，其中第二、三句作「一角危樓獨愴神。讀史早疑今日事」，第五句作「渡江愍度饑難救」。

* * *

藍霞一首

天際藍霞總不收，藍霞極目隔神州。樓高雁斷懷人遠，國破花開濺淚流。
甘賣盧龍無善價，警傳戲馬有新愁。辨亡欲論何人會，此恨綿綿死未休。

（一九三八年五月）

編者注：此詩錄自吳宓鈔存稿。吳宓注：藍霞二字出吳文英鶯啼序，此別有所指。藍指藍衣社，霞指共產黨紅軍。

蒙自南湖 戊寅夏作

景物居然似舊京，荷花海子憶昇平。橋邊鬢影還明滅，樓外笙歌雜醉醒。
南渡自應思往事，北歸端恐待來生。黃河難塞黃金盡，日暮人間幾萬程。

（一九三八年六月）

編者注：此律吳宓鈔存稿題爲南湖即景，第四句作「樓外歌聲雜醉醒」。作者於論再生緣中錄此詩，第三句作「橋頭鬢影還明滅」，第六句後按：「十六年前作此詩，句中竟有端生之名，『豈是早爲今日讖』耶？噫！」

* * *

七月七日蒙自作

地變天荒意已多，去年今日更如何。迷離回首桃花面，寂寞銷魂麥秀歌。徐騎省李後主輓詩：「此身雖未死，寂寞已銷魂。」
近死肝腸猶沸熱，偷生歲月易蹉跎。南朝一段興亡影，江漢流哀永不磨。

（一九三八年七月七日）

編者注：此律錄自吳宓鈔存稿。

蒙自雜詩 和容元胎

少年亦喜定盦作，歲月堆胸久忘之。今見元胎新絶句，居然重誦定盦詩。

定盦當日感蹉跎，青史青山入夢多。猶是北都全盛世，儻逢今日定如何。

（一九三八年秋）

編者注：蒙自雜詩（和容元胎）錄自吳宓詩集（續編），原爲四絶。寅恪先生詩存刊佈時第三首改題爲別蒙自，第四首改題爲蒙自七夕，文字亦略有不同。

* * *

戊寅蒙自七夕

銀漢橫窗照客愁，涼宵無睡思悠悠。人間從古傷離別，真信人間不自由。

（一九三八年八月）

和寅恪雲南蒙自七夕韻時篔寄寓九龍宋王臺俗傳南宋末陸秀夫負帝昺投海處畔

曉瑩

獨步臺邊惹客愁，國危家散恨悠悠。秋星若解興亡意，應解人間不自由。

* * *

別蒙自

我昔來時春水荒，我今去時秋草長。來去匆匆數月耳，湖山一角已滄桑。

（一九三八年秋）

編者注：此絶於吳宓詩集（續編）中錄作「蒙自雜詩（和容元胎）其三」，文字不盡同，現刊附於後。

我初來時湖草長，我將去時湖水荒。來去匆匆百日耳，湖山一角亦滄桑。

昆明翠湖書所見 己卯春作

照影橋邊駐小車，新妝依約想京華。短圍貂褶稱腰細，密卷螺雲映額斜。赤縣塵昏人換世，翠湖春好燕移家。昆明殘劫灰飛盡，聊與胡僧話落花。

（一九三九年春）

編者注：此律據唐筼鈔稿刊佈，作者手蹟及吴宓鈔存稿第三句爲「短圍貂衱稱腰細」。

* * *

己卯春日劉宏度自宜山寄詩言擬遷眉州予亦將離昆明往英倫因賦一律答之

得讀新詩已淚零，不須藉卉對新亭。路人苦信烏頭白，野老驚迴柳眼青。萬里乾坤孤注盡，百年身世短炊醒。入山浮海俱非計，悔恨平生識一丁。

（一九三九年春）

編者注：此律作者手蹟及吴宓鈔存稿原題爲「己卯春日弘度寄示新詩有萬里乾坤百年身世之句感賦」，其中第七句作「入山浮海俱無謂」。

己卯秋發香港重返昆明有作

暫歸匆別（吴宓注：謂夫人唐篔。）意如何，三月昏昏似夢過。殘牘河山行旅倦，亂離骨肉病愁多。狐狸埋搰摧亡國，雞犬飛昇送逝波。人事已窮天更遠，只餘未死一悲歌。

（一九三九年秋）

編者注：此詩錄自吴宓日記。

* * *

夜讀簡齋集潭州諸詩感賦

我行都在簡齋詩，今古相望轉自疑。只謂潭州燒小劫，豈知楊獠舞多姿。（簡齋詩「楊獠舞吾側」。寅恪案，楊幺以均貧富爲言，號召徒衆。）還家夢破懨懨病，去國魂銷故故遲。誰挽建炎新世局，昏燈掩卷不勝悲。

（一九三九年）

編者注：此律作者書贈吴宓時題作「夜讀簡齋集自湘入桂詩感賦」。現據該稿刊出作者原注。（見吴宓與陳寅恪，頁一〇六）

庚辰元夕作時旅居昆明

魚龍燈火鬧春風，彷彿承平舊夢同。人事倍添今日感，園花猶發去年紅。淮南米價驚心問，中統銀鈔入手空。念昔傷時無可説，賸將詩句記飄蓬。

（一九四〇年二月）

編者注：作者寫贈吴宓此詩，題作庚辰元夕，文字略有不同，刊附於後，供讀者研究參考。

庚辰元夕

魚龍燈火鬧春風，節物承平似夢中。人事倍添今夕感，園花猶放去年紅。淮南米價驚心問，中統錢鈔入手空。賸有舊情磨未盡，且將詩句記飄蓬。

（一九四〇年二月）

庚辰暮春重慶夜宴歸作

自笑平生畏蜀遊，無端乘興到渝州。千年故壘英雄盡，萬里長江日夜流。

食蛤那知天下事，看花愁近最高樓。行都燈火春寒夕，一夢迷離更白頭。

（一九四〇年暮春）

編者注：作者一九四〇年五月七日致陳槃信中所錄此律題作「庚辰春暮重慶夜宴歸有作」，首句爲「頗恨平生未蜀遊」。吳宓鈔存稿題作「重慶春暮夜宴歸有作」，首句亦爲「頗恨平生未蜀遊」。吳宓附注：「寅恪赴渝，出席中央研究院會議，寓俞大維妹丈宅。已而蔣公宴請中央研究院到會諸先生。寅恪於座中初次見蔣公，深覺其人不足爲，有負厥職，故有此詩第六句。」（見吳學昭吳宓與陳寅恪，頁一〇二）

* * *

辛巳春由港飛渝用前韻

海鶴飛尋隔歲遊，又披煙霧認神州。江干柳色青仍好，夢裏蓬瀛水淺流。

吳宓案：寅恪兩次春日飛渝，

草長東南迷故國，雲浮西北接高樓。人間春盡頭堪白，未到春歸已白頭。

（一九四一年春）

皆爲中央研究院開評議會。前詩一九四〇年六句，初見蔣公於群宴中而失望，知其非英雄。此詩一九四一年六句，似指延安與莫斯科泱泱大國之連結爲一體也。（吳宓日記）

*　　*　　*

壬午元旦對盆花感賦

太平洋戰起困居香港時作

寂寞盆花也自開，移根猶憶手親栽。雲昏霧濕春仍好，金蹶元興夢未回。
乞米至今餘斷帖，埋名從古是奇才。劫灰滿眼看愁絶，坐守寒灰更可哀。

（一九四二年二月）

編者注：此詩吳宓鈔稿略有差異，刊後供參考。

香港壬午元旦對盆花感賦

憔悴盆花也自開，病夫相對久徘徊。雲昏霧濕春仍好，金蹶元興夢未回。乞米至今餘斷帖，埋名從古是奇才。劫灰滿眼堪愁絶，坐守寒灰更可哀。

（一九四二年二月）

* * *

壬午五月發香港至廣州灣舟中作用義山無題韻

萬國兵戈一葉舟，故邱歸死不夷猶。袖間縮手嗟空老，紙上刳肝韓昌黎詩「刳肝以爲紙」。或少留。此日中原真一髮，蘇東坡詩「青山一髮是中原」。當時遺恨已千秋。吴宓案：寅恪一九三五年海棠詩「此生遺恨塞乾坤」。讀書久識人生苦，未待崩離早白頭。

編者注：本詩刊於李德裕貶死年月及歸葬傳説辨證文末，第三句作「袖中縮手嗟空老」。此律作者寄贈吴宓稿題爲「壬午五月五日發香港赴廣州灣舟中作」（用義山「萬里風波」無題韻）。第三句作

（一九四二年五月五日）

「袖間縮手人空老」，並有注，現箋於詩句下。（見吳學昭吳宓與陳寅恪，頁一〇五）

* * *

予挈家由香港抵桂林已逾兩月尚困居旅舍感而賦此

不生不死欲如何，二月昏昏醉夢過。殘臘山河行旅倦，亂離骨肉病愁多。江東舊義饑難救，（支愍度事。）浯上新文石待磨。萬里乾坤空莽蕩，百年身世任蹉跎。

（一九四二年七月）

編者注：此詩作者壬午年寄贈吳宓時題目書作「壬午五月五日發香港七月五日至桂林良豐雁山作」（略改舊句爲之）。

吳宓案：二、三、四句乃用己卯九月發香港重返昆明詩中句。五句，戊寅蒙自殘春詩云「過江愍度饑難救」。七、八句，己卯春和宏度詩云「萬里乾坤孤注盡，百年身世短炊醒」。（見吳宓日記）

壬午桂林雁山七夕　桂林良豐山居時作

香江乞巧上高樓，瓜果紛陳伴粵謳。羿彀舊遊餘斷夢，雁山佳節又清秋。
已涼天氣沈沈睡，欲曙星河淡淡收。不是世間兒女意，國門生入有新愁。

（一九四二年八月）

*　*　*

輓張蔭麟二首　良豐山居時作

流輩論才未或先，著書曾用牘三千。共談學術驚河漢，與敘交情忘歲年。
自序汪中疑太激，叢編勞格定能傳。孤舟南海風濤夜，（戊寅赴越南，與君同舟。）回憶當時倍惘然。

大賈便便腹滿腴，可憐腰細是吾徒。九儒列等真鄰丐，五斗支糧更殞軀。

編者注：此律另有鈔稿第三句作「九儒列等曾鄰丐」，第

世變早知原爾爾，國危安用較區區。聞君絶筆猶關此，懷古傷今併一吁。

（一九四二年）

五、六句作「士賤早知原爾爾，國危何用較區區」。

* * *

癸未春日感賦 時居桂林雁山別墅

滄海生還又見春，豈知春與世俱新。讀書漸已師秦吏，鉗市終須避楚人。
九鼎銘辭争頌德，百年羸糲總傷貧。周妻何肉尤吾累，大患分明有此身。

（一九四三年春）

* * *

寄題樸園書藏

滄海横流無處安，藏書世守事尤難。樸園萬卷聞名久，應作神州國寶看。

（一九四三年七月）

編者注：此詩録自吴宓鈔本。唐篔所編詩目題作「寄題四川岳池樸園書藏」（癸未居桂林雁山别墅作）。

楊遇夫寄示自壽詩五首即賦一律祝之

魯經漢史費研尋，聖籍神皋夜夜心。一代儒宗宜上壽，七年家國付長吟。
蔽遮白日兵塵滿，寂寞玄文酒盞深。莫道先生貧勝昔，五詩猶抵萬黃金。

（一九四四年）

*　*　*

甲申春日謁杜工部祠

少陵祠宇未全傾，流落能來奠此觥。一樹枯柟吹欲倒，千竿惡竹斬還生。
人心已漸忘離亂，天意真難見太平。歸倚小車渾似醉，暮鴉哀角滿江城。

（一九四四年春）

甲戌人日謁杜工部祠

新祠故宅總傷情，滄海能來奠一觥。千古文章孤憤在，初春節物萬愁生。風騷薄命呼真宰，離亂餘年望太平。歸倚小車心似醉，晚烟哀角滿江城。

編者注：此詩錄自作者初失明時手蹟。與前詩甲申春日謁杜工部祠題文有差異。本題「甲戌」疑爲「甲申」之誤。

* * *

聞　道　白日黃鷄

聞道飛車幾萬程，蓬萊恩怨未分明。玉顔自古關興廢，金鈿何曾足重輕。白日黃鷄遲暮感，青天碧海別離情。長安不見佳期遠，惆悵陳鴻説華清。

（一九四四年八月）

編者注：此詩據吳宓留存作者手蹟，第一句爲「聞道飛車十萬程」，第八句爲「怊悵陳鴻説華清」。

阜　昌

甲申冬作時臥病成都存仁醫院

阜昌天子頗能詩，集選中州未肯遺。阮瑀多才原不忝，褚淵遲死更堪悲。
千秋讀史心難問，一局收枰勝屬誰。世變無窮東海涸，寃禽公案總傳疑。

（一九四四年十二月）

編者注：據吴宓日記：一九四四年十二月十七日下午，寅恪口授其所作輓汪精衛（兆銘）詩，命宓錄之，以示公權。詩如下：阜昌（爲齊帝劉豫年號）天子頗能詩，集選中州未肯遺（元遺山選中州集，列入齊曹王劉豫詩。案豫曾爲進士。）阮瑀多才原不忝，褚淵遲死更堪悲。千秋讀史心難論，一局收枰勝屬誰。事變無窮東海涸，寃禽公案有傳疑。

*　*　*

甲申除夕自成都存仁醫院歸家後作

爆竹聲中獨閉門，蕭條景物似荒村。萬方兵革家猶在，七載流離目更昏。
時事厭聞須掩耳，古人久死欲招魂。六齡稚女扶牀戲，彷彿承平舊夢痕。

（一九四五年二月）

甲申除夕病榻作時目疾頗劇離香港又三年矣

雨雪霏霏早閉門，荒園數畝似山村。携家未識家何置，歸國惟欣國尚存。四海兵戈迷病眼，九年憂患蝕精魂。扶牀稚女聞歡笑，依約承平舊夢痕。

（一九四五年二月）

編者注：此詩錄自吳宓日記，與前詩甲申除夕自成都存仁醫院歸家後作文字多有不同。

* * *

目疾久不瘉書恨

天其廢我是耶非，嘆息萇弘強欲違。著述自慚甘毀棄，妻兒何託任寒饑。西浮瀛海言空許，北望幽燕骨待歸。（先君柩暫厝北平，待歸葬西湖。）彈指八年多少恨，蔡威唯有血霑衣。

（一九四五年二月十四日）

編者注：作者一九四四年十二月十四日入醫院療目疾，至一九四五年二月十四日整兩月矣。故此律於吳宓鈔存稿題作「乙酉二月十四日目疾久不瘉感賦」。其中第三句作「撰述自慚甘棄失」。

乙酉春病目不能出户室中案頭有瓶供海棠折枝忽憶舊居燕郊清華園寓廬手植海棠感賦

今年病榻已無春，獨對繁枝一愴神。世上欲枯流淚眼，天涯寧有惜花人。

雨過錦里愁泥重，酒醒黄州訝雪新。萬里舊京何處所，青陽如海隔兵塵。

（一九四五年春）

編者注：本律吴宓鈔稿題作「乙酉春患目疾閉置病室偶見海棠一枝憶北平清華園寓中曾手植此花今不知如何矣」。詩中第一句作「今年病榻更無春」，第三句作「世上已枯流淚眼」，第七句作「夢裏舊京何處所」。

目疾未瘉擬先事休養再求良醫以五十六字述意不是詩也

澒洞風塵八度春，蹉跎病廢五旬人。少陵久負看花眼，東郭空留乞米身。日食萬錢難下箸，月支雙俸尚憂貧。張公高論非吾解，見晉書范甯傳。攝養巢仙語較真。巢仙論養生語見渭南詩集及老學庵筆記。

（一九四五年四月廿八日）

編者注：吴宓鈔稿第八句作「且就巢仙學養真」。

* * *

詠成都華西壩

淺草方場廣陌通，小渠高柳思無窮。雷車乍過浮香霧，電笑微聞送遠風。酒醉不妨胡舞亂，花羞翻訝漢妝紅。誰知萬國同歡地，却在山河破碎中。

（一九四五年）

編者注：此律吴宓鈔稿題作「華西壩」，第一句作「淺草平場廣陌通」，第三、四、五、六句作「雷奔乍過浮香霧，電笑微聞送晚風。酒困不妨胡舞亂，花嬌彌覺漢妝濃」。

憶故居 并序

寒家有先人之敝廬二：一曰峭廬，在南昌之西山，門懸先祖所撰聯，曰「天恩與松菊，人境託蓬瀛」。一曰松門別墅，在廬山之牯嶺，前有巨石，先君題「虎守松門」四大字。今臥病成都，慨然東望，暮境蒼茫，因憶平生故居，賦此一詩，庶親朋覽之者，得知予此時之情緒也。

渺渺鐘聲出遠方，依依林影萬鴉藏。一生負氣成今日，四海無人對夕陽。
破碎山河迎勝利，殘餘歲月送悽涼。松門松菊何年夢，且認他鄉作故鄉。

（一九四五年四月卅日）

吳宓注：時盟軍攻陷柏林，四月二十七日墨索里尼死於Como湖畔，日本勢亦窮蹙。
（見吳宓與陳寅恪 頁一一七）

五十六歲生日三絶 乙酉仲夏五月十七日

去年病目實已死，雖號為人與鬼同。可笑家人作生日，宛如設祭奠亡翁。

鬼鄉人世兩傷情，萬古書蟲有嘆聲。淚眼已枯心已碎，莫將文字誤他生。

女癡妻病自堪憐，況更流離歷歲年。願得時清目復朗，扶攜同泛峽江船。

（一九四五年六月廿六日）

* * *

十年詩用聽水齋韻 幷序

乙酉七月與公逸夜話作也。詩凡四篇，篇有十年意，因以為名焉。

天迴地動此何時，不獨悲今昔亦悲。與我傾談一夕後，恨君相見十年遲。

舊聞柳氏誰能次，密記冬郎世未知。海水已枯桑已死，傷心難覆爛柯棋。

編者注：此詩吴宓鈔本題作「與公逸夜話用聽水齋韻」，文字與唐篔鈔稿間多不同，殆爲初稿，附後。

十載長安走若狂，玄都争共賞瑶芳。豈知紫陌紅塵路，遽作荒葵野麥場。
歌舞又移三峽地，興亡誰酹六朝觴。去年崔護如回首，前度劉郎更斷腸。
金谷繁華四散空，但聞啼鳥怨東風。樓臺基壞叢生棘，花木根虚久穴蟲。
蝶使幾番飛不斷，蟻宫何日戰方終。十年孤負春光好，歎息園林舊主翁。
贏得聲名薄倖留，十年夢覺海西頭。擘釵合鈿緣何事，换羽移宫那自由。
夜永獨愁眠繡被，雨寒遥望隔紅樓。當初一誓長生殿，遺恨千秋總未休。

（一九四五年七月）

與公逸夜話用聽水齋韻

天迴地動此何時，不獨悲今昔亦悲。與我傾談一夕後，恨君相見十年遲。舊聞柳氏誰能述，密記冬郎世未知。海水已枯桑已死，傷心難覆爛柯棋。

憶昔長安士女狂，玄都曾共賞瑶芳。重來紫陌紅塵路，但見荒葵野麥場。門寂漸稀車馬客，春歸難進別離觴。去年崔護如回首，前度劉郎自斷腸。

金谷繁華四散空，尚餘殘照怨春風。亭池竹亂惟聞鳥，花木根枯早穴蟲。蝶使幾番飛不斷，蟻宮何日戰方終。年年辜負春光好，歎息園林舊主翁。

贏得聲名薄倖留，夢回惆悵海西頭。擘釵合鈿緣何事，換羽移宮那自由。夜永獨愁眠繡被，雨寒遥望隔紅樓。當初一誓長生殿，遺恨千秋總未休。

（一九四五年七月）

* * *

夏日聽讀報

掉海鯨魚蹙浪空，蟠霄雕鷙噴烟紅。獨憐卧疾陳居士，消受長廊一角風。

（一九四五年夏）

編者注：此絶錄自吴宓鈔存稿。

乙酉新曆七夕 成都新民晚報近聞

七夕來時果有期，仙家蹤跡總迷離。聲容胡漢花争妒，恩怨瓊簫鏡未虧。
海外長門成短別，人間舊好勝新知。劉郎將種兼情種，莫道京華似弈棋。

（一九四五年七月）

* * *

乙酉七七日聽人説水滸新傳適有客述近事感賦

誰締宣和海上盟，燕雲得失涕縱横。花門久已留胡馬，柳塞翻教拔漢旌。
妖亂豫幺同有罪，戰和飛檜兩無成。夢華一録難重讀，莫遣遺民説汴京。

（一九四五年夏）

編者注：此律寅恪先生詩存曾用題「乙酉八月聽讀張恨水著水滸新傳感賦」，現依唐篔編詩目改題。吳宓鈔存稿題作「乙酉七月七日聽讀水滸新傳後聞客談近事感賦」，第一句作「誰結宣和海上盟」。

玄　菟

前朝玄菟陣雲深，興廢循環夢可尋。秦月至今長夜照，漢關從此又秋陰。
當年覆轍當年恨，一寸殘山一寸金。留得宣和頭白老，錦江衰病獨哀吟。
（一九四五年）

編者注：此詩吴宓鈔存稿第二句作「興廢無端夢可尋」，第五句作「當年舊事當年恨」，第八句作「錦江衰鬢獨哀吟」。吴宓有附注云：時宋子文與蘇俄訂約，從羅斯福總統雅爾達秘議，以中國東北實際割讓與蘇俄。日去俄來，往復循環，東北終非我有。此詩及前後相關數詩，皆詠其事而深傷之也。（見吴宓與陳寅恪，頁一一八）

余昔寓北平清華園嘗取唐代突厥回紇土蕃石刻補正史事今聞時議感賦一詩

唐碑墨本手摩挲，回憶當時感慨多。邏逤不煩飛驛鳥，和林還別貢峯駝。
賜秦鶉首天仍醉，受虜狼頭世敢訶。自古長安如弈戲，收枰一著奈君何。

（一九四五年）

* * *

漫成

北漠西番遠不通，前朝多事耀邊功。如今萬里成甌脱，笑殺當年左企弓。

（一九四五年）

乙酉八月十一日晨起聞日本乞降喜賦

降書夕到醒方知，何幸今生見此時。聞訊杜陵歡至泣，還家賀監病彌衰。國讐已雪南遷恥，家祭難忘北定詩。（丁丑八月，先君卧病北平，彌留時猶問外傳馬廠之捷確否。）念往憂來無限感，喜心題句又成悲。

（一九四五年八月十一日）

編者注：本律另一鈔稿第二句作「何幸今生遇此時」。吳宓鈔存稿第二句作「何幸今生有此時」。

* * *

漫　誇

乙酉八月作

漫誇朔漠作神京，（海藏樓詩有句云：「欲迴朔漠作神京。」）八寶樓臺一夕傾。延祚豈能同大石，附庸真是類梁明。收場傀儡牽絲戲，貽禍文殊建國名。別有宣和遺老恨，遼金興滅意難平。

（一九四五年八月）

編者注：此詩唐篔編詩目題下注八月十二日作。吳宓鈔存稿注八月十八日作，第二、三句爲「十載紛紜一旦傾。延祚豈能希大石」。吳宓並有注云：時蘇俄進兵據東北，滿洲國亡（一九三二——一九四五）。文殊、曼殊皆滿洲之異譯。

連日慶賀勝利以病目不能出女嬰美延亦病相對成一絶

大酺三日樂無窮，獨卧文盲老病翁。舊學漸荒新不進，自編平話戲兒童。

（一九四五年八月）

*　　*　　*

乙酉八月二十七日閱報作

目閉萬方愁，蛙聲總未休。乍傳降島國，連報失邊州。大亂機先伏，吾生命不猶。可憐卅載後，仍苦説刀頭。

（一九四五年八月廿七日）

報載某至重慶距西安事變將十年矣

鐵騎飛空京洛收，會盟贊普散邊愁。十年一覺長安夢，不識何人是楚囚。

（一九四五年八月）

編者注：此詩錄自吳宓鈔存稿。

* * *

成都秋雨

北客雲遮眼，西川雨送秋。鴞聲啼不斷，蝸角戰方休。天意真無定，田家儻有收。餘生成廢物，得飽更何求。

（一九四五年秋）

乙酉九月三日日本簽訂降約於江陵感賦

夢裏悤悤兩乙年，（乙未、乙酉。）竟看東海變桑田。燃萁煮豆萁先盡，縱火焚林火自延。來日更憂新世局，衆生誰懺舊因緣。石頭城上降幡出，回首春帆一慨然。（光緒乙未，中日訂約於馬關之春帆樓。）

（一九四五年九月三日）

編者注：此律唐篔另一錄稿第一、二、三句曾作「夢裏悤悤五十年，豈知真見海成田。燃萁煮豆萁先及」。吴宓鈔存稿第七句作「興衰報復知天意」。

* * *

春帆樓 并序

光緒乙未，李合肥與日本訂約於馬關之春帆樓，吴桐城題其處曰「傷心之地」。儀叟者，合肥晚歲自號也。

取快恩讐誠太淺，指言果報亦茫然。當年儀叟傷心處，（一作地。）依舊風光海接天。

（一九四五年）

新清平調一首

果是佳期更及期，臺城煙柳鬬腰肢。重申兒女三生誓，再造河山一統時。青骨成神端可信，白一作黑。頭如故莫相疑。金甌微缺花仍好，且唱清平樂府詞。

（一九四五年）

吴宓案：此詠還都南京（吴宓日記）。

* * *

乙酉秋赴英療治目疾自印度乘水上飛機至倫敦途中作

眼暗猶思得復明，强扶衰病試飛行。還家魂夢穿雲斷，去國衣裝入海輕。異域豈能醫一作療。異疾，前遊真已隔前生。三洲四日悤悤過，多少傷今念昔情。

（一九四五年九月）

編者注：吴宓鈔存稿第七、八句作「三洲五日悤悤過，不盡傷今念昔情」。

乙酉秋來英倫療治目疾遇熊式一君以所著英文小説天橋見贈即題贈二絶句

海外熊林（語堂。）各擅場，王前盧後費評量。北都舊俗非吾識，（林著瞬息京華。）愛聽天橋話故鄉。（天橋在南昌城外。）

名列仙班目失明，結因兹土待來生。抱君此卷獨歸去，何限天涯祖國情。

（一九四五年秋）

編者注：吴宓鈔存稿第一首第二句作「盧前王後費評量」，第二首第一句作「名列仙班目始明」，第四句作「河漢天涯祖國情」。

乙酉冬夜卧病英倫醫院聽人讀熊式一君著英文小説名天橋者中述光緒戊戌李提摩太上書事憶壬寅春隨先兄師曾等東遊日本遇李教士於上海教士作華語曰君等世家子弟能東遊甚善故詩中及之非敢以烏衣故事自况也

沈沈夜漏絶塵譁，聽讀佉盧百感加。故國華胥猶記夢，舊時王謝早無家。
文章瀛海娱衰病，消息神州競鼓笳。萬里乾坤迷去住，詞人終古泣天涯。

（一九四五年冬）

南朝

金粉南朝是舊遊，徐妃半面足風流。蒼天已死三千歲，青骨成神二十秋。
去國欲枯雙目淚，浮家虛說五湖舟。英倫燈火高樓夜，傷別傷春更白頭。

（一九四六年春）

編者注：此律於論再生緣中引錄時題作「丙戌春以治目疾無效將離倫敦返國暫居江寧感賦」。吳宓鈔存稿題作「來倫敦醫眼疾無效將東歸江寧感賦」。

* * *

北朝

羊酪蓴羹事已陳，長江天塹局翻新。金甌再缺河南地，玉貌爭誇塞外春。
虎旅漢營旗幟改，鵾絃胡語怨恩頻。惟餘數卷伽藍記，淚漬千秋紙上塵。

（一九四六年）

來英治目疾無效將返國寫刻近撰元白詩箋證

眼昏到此眼昏旋，辜負西來萬里緣。杜老花枝迷霧影，米家圖畫滿雲煙。餘生所欠為何物，後世相知有別傳。歸寫香山新樂府，女嬰學誦待他年。

（一九四六年春）

編者注：本詩唐筼編詩目題作「來英治目疾無效將返國寫刻近撰元白詩箋證留付稚女美延讀之」。

* * *

大西洋舟中記夢

貧賤夫妻已足哀，亂離愁病更相催。舟中正苦音書斷，夢裏何期笑語來。去國羈魂銷寂寞，（徐騎省集李後主輓詩云：「此身雖未死，寂寞已銷魂。」）還家生事費安排。風波萬里人間世，願得孤帆及早回。

（一九四六年）

丙戌春遊英歸國舟中作

百尺樓船海氣寒，憑闌人病怯衣單。遠遊空負求醫意，歸死人嗟行路難。
蠶食光陰春黯澹，龍吟風雨夜迷漫。人生終古長無謂，乾盡瀛波淚未乾。

（一九四六年春）

編者注：此詩錄自吳宓鈔存稿，唐篔編詩目不載。第四句「人嗟」疑爲「仍嗟」之誤。

*　*　*

丁亥元夕用東坡韻

萬里烽煙慘澹天，照人明月為誰妍。觀兵已抉城門目，求藥空回海國船。
階上魚龍迷戲舞，詞中梅柳泣華年。光緒庚子元夕，先母授以姜白石詞「柳慳梅小未教知」之句。舊京節物承平
夢，未忍匆匆過上元。

（一九四七年二月）

編者注：本律唐篔編詩目題作「北平丁亥元夕用東坡韻」。吳宓鈔存稿題爲「丁亥舊京元夕用東坡韻」，第一、三、五句作「殘破河山慘澹天」，「觀兵早抉城門目」，「燈下魚龍迷幻影」。

丁亥春日清華園作

蔥蔥佳氣古幽州，隔世重來淚不收。桃觀已非前度樹，稾街長是最高樓。
名園北監仍多士，老父東城有獨憂。惆悵念年眠食地，一春殘夢上心頭。

（一九四七年春）

* * *

丁亥春日閱花隨人聖盦筆記深賞其遊暘臺山看杏花詩因題一律

當年闖禍費疑猜，今日開編惜此才。世亂佳人還作賊，劫終殘帙幸餘灰。
荒山久絶前遊盛，斷句猶牽後死哀。見說暘臺花又發，詩魂應悔不多來。

（一九四七年春）

編者注：本詩吳宓鈔存稿有多處不同，現刊於後。

題花隨人聖盦摭憶後

當年聞禍費疑猜，今日開編惜此才。亂世佳人還作賊，隨花聖解幸餘灰。法嚴一死終難貸，名毀千秋倍可哀。太息暘臺春又動，遊魂應悔不多來。書中極言暘臺山花事之勝。

*　　*　　*

無　題

詠張群內閣

舟中悵望夢難尋，繡被焚香夜夜心。武帝弘規金屋衆，文君幽恨鳳絃深。催妝青女羞還卻，隔雨紅樓冷不禁。寫盡相思千萬紙，東牆消息費沈吟。

（一九四七年夏）

丁亥除夕作

殺人盈野復盈城，誰挽天河洗甲兵。至德收京回紇馬，宣和浮海女真盟。
興亡總入連宵夢，衰廢難勝餞歲觥。五十八年流涕盡，可能留命見昇平。

（一九四八年二月）

編者注：此律吳宓鈔存稿第五、六句作「興亡每入連宵夢，衰廢難酬餞歲觥」。

* * *

戊子元夕放燄火呼鄰舍兒童聚觀用東坡韻作詩紀之

火樹銀花映碧天，可憐只博片時妍。羣兒正睹長安社，舉國如乘下瀨船。
坡老詩篇懷舊俗，杜陵鼙鼓厭衰年。新春不在人間世，夢覓殘梅作上元。

（一九四八年二月）

清華園寓廬手植海棠　戊子陽曆三月廿五日作

北歸默默向誰陳，一角園林獨愴神。尋夢難忘前度事，種花留與後來人。

江城地瘴憐孤豔，東坡定惠院海棠詩云：「江城地瘴蕃草木，只有名花苦幽獨。」海國妝新效淺顰。李文饒謂凡花木之以海名者，皆本從海外來也。

賸取題詩記今日，繁枝雖好近殘春。

（一九四八年三月）

* * *

寄卞孝萱　卞以書來乞詩以彰母節因賦此詩以寄

卞君娱母以文字，千里乞言走書至。我詩雖陋不敢辭，嘉君養親養其志。

淮海兵塵白日陰，避居何地陸將沉。一門慈孝祥和氣，即是仙源莫更尋。

（一九四八年）

編者注：此二絕句錄自吳宓鈔存稿，唐篔編詩目不載。

戊子陽曆十二月十五日於北平中南海公園勤政殿門前登車至南苑乘飛機途中作並寄親友

臨老三回值亂離，北平蘆溝橋事變、香港太平洋戰爭及此次。蔡威淚盡血猶垂。衆生顛倒誠何説，殘命維持轉自疑。去眼池臺成永訣，銷魂巷陌記當時。北歸一夢原知短，如此悤悤更可悲。

（一九四八年十二月十五日）

* * *

丙戌春旅居英倫療治目疾無效取海道東歸戊子冬復由上海乘輪至廣州感賦 陽曆一月十六日由滬發十九日抵穗

又附樓船到海涯，東歸短夢不勝嗟。求醫未獲三年艾，避地難希五月花。

編者注：本律題注據唐筼編詩目補加。

形貌久供兒女笑，文章羞向世人誇。毀車殺馬平生志，太息維摩尚有家。

（一九四九年一月）

* * *

己丑元旦作時居廣州康樂九家村

無端來作嶺南人，朱橘黃蕉鬬歲新。食蛤那知今日事，買花彌惜去年春。避秦心苦誰同喻，走越裝輕任更貧。獨臥荒村驚節物，可憐空負渡江春。

（一九四九年一月）

編者注：本題另一錄稿刊附於後。

無端來作嶺南人，朱橘黃蕉鬬歲新。食蛤那知今日事，買花追惜少年春。一生心苦誰同喻，數卷書存任更貧。獨臥荒村驚節物，可憐空負病殘身。

己丑送春 陽曆三月廿五日

無風無雨送殘春，一角園林獨愴神。燭照已非前夕影，枝空猶想去年人。
遼西夢恨中宵斷，江左妝誇半面新。最是芳時彈指盡，蝶蜂飛嬾倍霑巾。

（一九四九年三月）

* * *

己丑清明日作用東坡韻

樓臺七寶倏成灰，天塹長江安在哉。嶺海移家春欲暮，清明上冢夢初回。
餘生流轉終何止，將死煩憂更沓來。紙爐不飛鴉鎩羽，眼枯無淚濺花開。

（一九四九年四月）

己丑夏日

緑陰長夏亦何為，消得收枰敗局棋。自我失之終可惜，使公至此早皆知。
羣兒只博今朝醉，故老空餘後死悲。玉石崑岡同一燼，劫灰遺恨話當時。

（一九四九年夏）

*　　*　　*

己丑廣州七夕

嶺樹高樓影動搖，天風吹海海初潮。金甌已缺今宵月，銀漢猶填舊日橋。
簾外新涼驚節換，夜闌離緒總魂銷。人間盡誤佳期了，更有佳期莫恨遥。

（一九四九年八月）

青 鳥

青鳥傳書海外來，玉牋千版費編裁。可憐漢主求仙意，只博胡僧話劫灰。
無醬臺城應有愧，未秋團扇已先哀。興亡自古尋常事，如此興亡得幾回。

（一九四九年八月）

編者注：本律另一錄稿第五、六句作「半面殘妝猶待理，未秋團扇已生哀」，第八句作「似此興亡得幾回」。

* * *

哀金圓 己丑夏作

趙莊金圓如山堆，路人指目為濕柴。（粵俗呼物之無用者曰「濕柴」。）濕柴待乾尚可爨，金圓棄擲頭不回。盲翁擊鼓聚村衆，為説近事金圓哀。是非不倒乃信史，匪與平話同體裁。睦親坊中大腹賈，字畫四角能安排。備列社會賢達選，達誠達矣賢乎哉。進位樞府司國計，幣制改革寧旁推。金圓條例手自訂，新令頒布若震雷。金銀外幣悉收兑，期限迫促難徘徊。違者没官徒七歲，法網峻密無疏恢。更置重賞獎揭發，十取其四分羹杯。子告父母妻告壻，骨肉親愛相讐猜。指揮緹騎貴公子，闖户掘地搜私埋。中人之産能值幾，席捲而去飆風迴。又以物價法制限，狡計遂出黄牛魁。嗾使徒黨强争購，車馬阻塞人填街。米肆門前一作檐。萬蟻動，顛仆叟媪啼童孩。屠門不殺菜擔匿，即煮粥啜仍無煤。人心惶惶大禍至，誰恤商販論贏虧。百年互市殷盛地，怪狀似此殊堪駭。有嫠作苦逾半世，儲蓄銀餅纔百枚。豈期死後買棺葬，但欲易米支殘骸。悉數獻納换束紙，猶恐被竊藏襟懷。黄金條與土同價，齊高弘願果不乖。王璵媚鬼尚守信，冥楮流用周夜臺。金圓數月便廢罷，可恨可歎還可咍。黨家專政二十載，大厦一旦梁棟摧。亂源雖多主因一，民怨所致非兵災。譬諸久病命未絶，雙王符到火急催。金圓之符誰所畫，臨安書棚王佐才。盲翁説竟鼓聲歇，聽衆歎息顔不開。中有一人録翁語，付與好事傳將來。

（一九四九年夏）

報載某會中有梅蘭芳之名戲題一絶

蜂户蟻音娥。封一聚塵，可憐猶夢故都春。曹蜍李志名雖衆，只識香南絶代人。

（一九四九年秋）

* * *

歌　舞

歌舞從來慶太平，而今戰鼓尚争鳴。審音知政關興廢，此是師涓枕上聲。

（一九四九年）

純陽觀梅花

我來祇及見殘梅，歎息今年特早開。花事已隨浮世改，苔根猶是舊時栽。
名山講席無儒士，勝地仙家有劫灰。遊覽總嫌天宇窄，更指病眼上高臺。

（一九五〇年一月）

編者注：本律另稿題爲「漱珠岡純陽探梅」。第三句作「花事亦隨塵世改」，第五句作「名山講席誰儒士」。

* * *

葉遐庵自香港寄詩詢近狀賦此答之

道窮文武欲何求，殘廢流離更自羞。垂老未聞兵甲洗，偷生争為稻粱謀。
招魂楚澤心雖在，續命河汾夢亦休。忽奉新詩驚病眼，香江回憶十年遊。

（一九五〇年初）

己丑除夕題吴辛旨詩

人境高吟跡已陳，蒹葭墓草幾回春。説詩健者今誰是，過嶺南來得此人。
天寒歲暮對茫茫，灰燼文章暗自傷。賸把十年心上語，短毫濡淚記滄桑。

（一九五〇年二月）

* * *

庚寅人日

嶺梅人日已無花，獨對空枝感歲華。黄鸝魯連羞有國，白頭摩詰尚餘家。
催歸北客心終怯，久味南烹意可嗟。閉户尋詩亦多事，不如閉眼送生涯。

（一九五〇年二月）

庚寅元夕用東坡韻

過嶺南來便隔天，一冬無雪有花妍。山河已入宜春檻，身世真同失水船。
明月滿牀思舊節，驚雷破柱報新年。是夕有空襲。魚龍寂寞江城暗，知否姮娥換
紀元。

（一九五〇年三月）

*　*　*

庚寅春日答吳雨僧重慶書

絳都赤縣滿兵塵，嶺表猶能寄此身。菜把久叨慙杜老，桃源今已隔秦人。
悟禪獦獠空談頓，望海蓬萊苦信真。千里報書唯一語，白頭愁對柳條新。

（一九五〇年春）

庚寅仲夏友人繪清華園故居圖見寄不見舊時手植海棠感賦一詩即用戊子春日原韻

小園短夢亦成陳，誰問神州尚有神。「不信神州尚有神」，王湘綺圓明園詞句也。喫菜共歸新教主，種花真負舊時人。鴻毛一例論生死，馬角三年換笑嚬。嶺表流民頭滿雪，可憐無地送殘春。

（一九五〇年仲夏）

* * *

庚寅廣州七夕

嶺樹遮樓暗碧霄，柳州今夕倍無憀。金甌已缺雲邊月，銀漢猶通海上潮。領略新涼驚骨透，流傳故事總魂銷。人間自誤佳期了，更有佳期莫怨遥。

（一九五〇年八月）

庚寅廣州中秋作

秦時明月滿神州，獨對嬋娟發古愁。影底河山初换世，天涯節物又驚秋。吴剛斤斧徒聞説，庾信錢刀苦未求。庾開府詩云：「人生一百年，得意惟三五。何處覓錢刀，求爲洛陽賈。」欲上高寒問今夕，人間惆悵雪盈頭。

（一九五〇年九月）

*　*　*

霜紅龕集望海詩云「一燈續日月不寐照煩惱不生不死間如何爲懷抱」感題其後

不生不死最堪傷，猶説扶餘海外王。同入興亡煩惱夢，霜紅一枕已滄桑。

（一九五〇年十二月）

答曉瑩辛卯元旦見贈

法喜辛勤好作家，維摩頭白逐無涯。夫妻貧賤尋常事，亂世能全未可嗟。

（一九五一年二月六日）

唐篔原作

曉　瑩

浮海相攜嶺外家，守貧何礙到天涯。今朝週甲初安度，漂泊頻年無限嗟。

（一九五一年二月六日）

辛卯廣州元夕用東坡韻

嶺表春回欲雨天，新蒲細柳又争妍。澌矛炊劒朝朝飯，泛宅浮家處處船。幾换魚龍餘此夕，渾忘節物是何年。風鬟霧鬢銷魂語，賸與流人紀上元。

（一九五一年二月）

辛卯廣州元夕與寅恪同用東坡韻

曉　瑩

明月微雲嶺外天，殘梅疏影更增妍。園林久廢多春草，江岸奔湍一葉船。盡日見聞皆異事，幾家親故樂新年。魚龍燈戲遥難望，鼓笛聲傳報上元。

（一九五一年二月）

首夏病起

因血壓高服安眠藥卧牀兼旬始起。

刀風解體舊參禪，晉法護譯禪經，詳論人死時刀風解體之苦。一榻昏昏任化遷。病起更驚春意盡，綠陰成幕聽鳴蟬。

（一九五一年五月）

和寅恪首夏病起

曉　瑩

排愁却病且參禪，景物將隨四序遷。寂寞三春惟苦雨，一朝炎夏又聞蟬。

（一九五一年五月）

文　章

八股文章試帖詩，宗朱頌聖有成規。白頭宮女哈哈笑，眉樣如今又入時。

（一九五一年）

編者注：本題另一錄稿文字有差異，附後。

八股文章試帖詩，宗朱頌聖有成規。白頭學究心私喜，眉樣當年又入時。

*　*　*

舊　史

厭讀前人舊史編，島夷索虜總紛然。魏收沈約休相誚，同是生民在倒縣。

（一九五一年）

辛卯廣州端午

菖蒲似劍還生綠，艾葉如旗不閃紅。唯有沈湘哀郢淚，彌天梅雨却相同。

（一九五一年六月）

* * *

寄瞿兑之

獨樂園花入夢秋，丁巳秋客長沙，寄寓壽星街雅禮學會，卽文慎公舊第也。詩筒驚喜見公休。兒郎涑水空文藻，家國沅湘總淚流。此日人天無上策，舊京宮苑有邊愁。論交三世今餘幾，一別滄桑共白頭。

（一九五一年）

乙酉居成都五十六歲初度有句云「願得時清目復朗扶攜同泛峽江船」辛卯寓廣州六十二歲生日忽憶前語因作二絶並贈曉瑩

七載流離目愈昏，當時微願了無存。從今飽吃南州飯，穩和陶詩晝閉門。

扶病披尋强不休，燈前對坐讀書樓。餘年若可長如此，何物人間更欲求。

（一九五一年六月廿一日）

廣雅堂詩集有詠海王村句云「曾聞醉漢稱祥瑞何況千秋翰墨林」昨聞客言琉璃廠書肆之業舊書者悉改業新書矣

迂叟當年感慨深，貞元醉漢託微吟。而今舉國皆沈醉，何處千秋翰墨林。

（一九五一年）

* * *

辛卯七夕

乞巧樓頭雁陣橫，秦時月照古邊城。已涼秋夜簾深掩，難暖羅衾夢未成。
天上又聞傷短別，人間虛説誓長生。今宵獨抱綿綿恨，不是唐皇漢帝情。

（一九五一年八月）

舊曆七月十七日贈曉瑩

一笑風光似昔年，妝成時世鏡臺前。羣雛有命休縈念，即是鍾陵寫韻仙。

（一九五一年八月十九日）

答韻

曉瑩

陵谷遷移廿四年，依然笑語晚燈前。文吴韻事吾能及，同（一作偕。）隱深山便是仙。

（一九五一年八月十九日）

送朱少濱教授退休卜居杭州

同酌曹溪我獨羞，江東舊義（支愍度事見世說新語。）雪盈頭。君今飽啖荔支去，誰話貞元七十秋。（嘗與君論光緒壬午科鄉試事。）

無改鄉音望若仙，鏡湖乞得比前賢。他年上冢之江畔，（寅恪先塋在六和塔後牌坊山。）更和新詩結後緣。

（一九五一年）

編者注：本詩第一首第二句寅恪先生詩存未刊注，現據唐篔錄稿補加。

* * *

有感 辛卯舊曆八月初十日

蔥翠川原四望寬，年年遙祭想荒寒。空聞白墓澆常濕，豈意青山葬未安。一代簡編名字重，幾番陵谷碣碑完。趙佗猶自懷真定，慙痛孤兒淚不乾。

（一九五一年九月十日）

編者注：一九三七年九月十四日（舊曆丁丑年八月初十日）作者父親散原老人棄世於北平，抗戰勝利後歸葬杭州牌坊山。時逢散原老人忌日，聞有關當局迫令遷墓之說，爲此有感而作。

答冼得霖陳植儀夫婦

殘廢何堪比古賢，昭琴雖鼓等無絃。杜陵菜把難言飽，彭澤桃源早絶緣。
講校生涯傷馬隊，著書勛業誤蟫仙。羨君管趙蓬萊侶，文采燔功一慨然。

（一九五一年）

* 　* 　*

題與曉瑩結婚廿三年紀念日合影時辛卯秋寄寓廣州也

短簷高屋總違時，相逐南飛繞一枝。照面共驚三世改，齊眉微惜十年遲。
買山巢許寧能隱，浮海宣尼未易師。賴得黄花慰愁寂，秋來猶作豔陽姿。

（一九五一年秋）

卜式

卜式輸財助拓邊，弘羊主計散官錢。相違却有相成妙，何事相攻笑後賢。

（一九五一年）

* * *

改舊句寄北 參丁亥春日清華園作

葱葱佳氣古幽州，隔世相望淚不收。桃觀已非前度樹，稾街翻是最高樓。
名園北監空多士，老父東城賸獨憂。回首卅年眠食地，模糊殘夢上心頭。

（一九五一年）

經史

虛經腐史意何如，谿刻陰森慘不舒。競作魯論開卷語，說瓜千古笑秦儒。

編者注：此絕另一錄稿第三句作「見說魯論開卷語」。

* * *

題冼玉清教授修史圖

流輩争推續史功，文章羞與俗雷同。若將女學方禪學，此是曹溪嶺外宗。

國魄銷沉史亦亡，簡編桀犬滋雌黃。著書縱具陽秋筆，那有名山淚萬行。

千竿滴翠鬬清新，一角園林貌得真。忽展圖看長歎息，窗前東海已揚塵。

壬辰廣州元夕收音機中聽張君秋唱祭塔

雷峰夕照憶經過，物語湖山恨未磨。唯有深情白娘子，最知人類負心多。

元夕聞歌百感併，淒清不似舊時聲。天涯誰共傷羈泊，出得京城了此身。

（一九五二年二月）

* * *

詠校園杜鵑花

美人穠艷擁紅妝，嶺表春回第一芳。誇向沈香亭畔客，南方亦有牡丹王。

（一九五二年春）

壬辰春日作

細雨殘花晝掩門，結廬人境似荒村。簡齋作客三春過，裴淑知詩一笑温。
南渡飽看新世局，北歸難覓舊巢痕。芳時已被冬郎誤，何地能招自古魂。
（一九五二年春）

＊　　＊　　＊

男　旦

改男造女態全新，鞠部精華舊絶倫。太息風流衰歇後，傳薪翻是讀書人。
（一九五二年）

偶觀十三妹新劇戲作

塗脂抹粉厚幾許，欲改衰翁成姹女。滿堂觀衆笑且憐，黄花一枝秋帶雨。
紅柳村中怪事多，閒人燕北費描摹。周三狡計原因爾，鄧九甘心可奈何。

（一九五二年）

* * *

項羽本紀

左轉前行陷澤中，沐猴方始歎途窮。如何爛熟儀秦傳，未讀重瞳紀一通。

（一九五二年）

呂步舒

證羊見慣借粗奇，生父猶然況本師。不識董文因痛詆，時賢應笑步舒癡。

（一九五二年）

＊　　＊　　＊

春　秋

石碏純臣義滅親，祭姬一父辨人倫。春秋舊說今皆廢，獨諱尊賢信是真。

（一九五二年）

曉瑩生日賦一詩爲壽

園林五月晚微涼，兼味盤飧共舉觴。理鬢未愁臨鏡影，畫眉應問入時妝。幾回客裏逢茲日，何處寰中似一作是。故鄉。記否鳳城初見夕，榴花如火白蓮香。

（一九五二年五月）

曉瑩祖南注公光緒戊戌春間所書詩幅寅恪昔年旅居香江時值太平洋之戰略有毀損今重裝畢敬題四絕句於後其第三第四兩首乃次原韻也

橫海雄圖事已空，尚瞻遺墨想英風。古今多少興亡恨，都付扶餘短夢中。

當年詩幅偶然懸，因結同心悟宿緣。果贖一枝無用筆，飽濡鉛淚記桑田。

一卷新裝劫後開，劫痕猶似污炱煤。湖山明媚雖依舊，舊日春光去不回。

頻年家國損朱顏，鏡裏愁心鎖疊山。行盡鐵圍層底路，儻能偕老得餘閒。

（一九五三年）

編者注：寅恪此四絕句之第四首第三句，唐篔另一錄稿作「歷書太行人世路」。

南注生原作

為人作書，口占二絶。冬陰已久，立春忽晴，亦快事也。

蒼昊沈沈忽霽顔，春光依舊媚湖山。補天萬手忙如許，蓮蕩樓臺鎮日閒。

盈箱縑素偶然開，任手塗鴉負麝煤。一管書生無用筆，舊曾投去又收回。

* * *

癸巳元旦贈曉瑩

燒餘紅燭嶺梅邊，珍重殘妝伴醉眠。枕上忽聞花氣息，夢驚魂斷又新年。

（一九五三年二月十四日）

蔣天樞按：南注生，曉瑩祖父唐景崧之別號。戊戌爲光緒二十四年。光緒二十一年三月馬關條約訂立，唐始離台灣巡撫職，退隱桂林。

廣州癸巳元夕用東坡韻

海月昏黃霧隔天，人間何處照春妍。繞身眷屬三間屋，驚夢風波萬里船。久厭魚龍喧永夜，待看桃杏破新年。先生過嶺詩為曆，此是南來四上元。

（一九五三年二月）

*　*　*

寄朱少濱杭州

買山巢許興如何，湖水湖風歲月過。學易不須求杜仲，先生血壓不高。在家疑要食羅摩。脱身馬隊天能勝，同命鷗羣福已多。欲得嶺南消息否，茘枝將熟雨滂沱。

（一九五三年）

編者注：寄朱少濱杭州、寄朱少濱之二、次前韻再贈少濱三律錄自陳寅恪朱師轍往來倡和詩輯（中華文史論叢第五十八輯，陳正宏轉錄）。

寄朱少濱之二

聞道東華舊史官，尋春湖上惜春殘。暗香一樹能偕隱，古柏三株謂西湖三老也。共耐寒。老境蕭閒殊有味，多生憂患總無端。興亡滿眼人間世，也並江潮等量觀。

（一九五三年）

* * *

次前韻再贈少濱

班馬傳家作史官，風流儒雅未凋殘。麟來魯野誠知誤，鶴歷堯年豈畏寒。鏡裏西湖裝百態，夢中東海事千端。文殊佛土經誰譯，淚漬前聞不忍觀。先生譔清述聞十卷。

（一九五三年）

次韻和朱少濱癸巳杭州端午之作

驚心節物到端陽，作客猶嗟滯一作寄。五羊。艾詡人形終傀儡，槐酣蟻夢更荒唐。南遊已記玄蛇歲，北味渾忘白虎湯。醫家稱西瓜爲天生白虎湯。粵濕燕寒俱所畏，錢唐真合是吾鄉。

（一九五三年六月）

*　　*　　*

癸巳六月十六夜月食時廣州苦熱再次前韻

墨儒名法道陰陽，閉口休談作啞羊。屯戍尚聞連涓水，文章唯是頌陶唐。海天明月傷圓缺，嶺樹重樓困火湯。一瞬百年强半過，一作去。不知何處覓家鄉。

（一九五三年七月）

熱不成寐次少老聞停戰詩韻

神光離合乍陰陽，羊首懸門豈賣羊。孤注澶淵安北宋，詭盟梨樹誤中唐。
千秋舊史金為鏡，九夏炎威火沸湯。欲夢高寒冷肝肺，可憐無路黑甜鄉。

（一九五三年）

編者注：本律錄自陳正宏、丁紅「新發現的唐篔手書陳寅恪詩」。

* * *

癸巳七夕

離合一作今歲。佳期又玉京，靈仙幽怨總難明。赤城絳闕秋閨夢，碧海青天月夜情。雲外自應思往事，人間猶說誓來生。笑他欲挽銀河水，不洗紅妝洗甲兵。

（一九五三年八月）

廣州贈別蔣秉南

不比平原十日遊，獨來南海弔殘秋。瘴江收骨殊多事，骨化成灰恨未休。
孫盛陽秋海外傳，所南心史井中全。文章存佚關興廢，懷古傷今涕泗漣。

（一九五三年九月）

*　　*　　*

次韻答龍榆生

曾聞傳硯上彊翁，風雨龍吟響徹空。大晟顓官朝暮置，煩君一譜曙光紅。謂東方紅之歌也。
貧僧行脚北還南，聽法開堂兩不堪。吸盡西江由馬祖，自家公案自家參。

（一九五三年秋）

編者注：本題（題目依唐篔編詩目所標）二絕及「戲和榆生先生荔枝七絕」錄自卞孝萱、張樾暉所提供之龍榆生手鈔詩稿複印件。

癸巳秋夜聽讀清乾隆時錢唐才女陳端生所著再生緣卷十七第六十五回中「惟是此書知者久浙江一省偏相傳髫年戲筆殊堪笑反勝那淪落文章不值錢」之語及陳文述西泠閨詠卷十五繪影閣詠家□□詩「從古才人易淪謫悔教夫壻覓封侯」之句感賦二律

地變天荒總未知，獨聽鳳紙寫相思。高樓秋夜燈前淚，異代春閨夢裏詞。

絕世才華偏命薄，戍邊離恨更歸遲。文章我自甘淪落，不覓封侯但覓詩。

一卷悲吟墨尚新，當時恩怨久成塵。上清自昔傷淪謫，下里何人喻苦辛。

彤管聲名終寂寂，青丘金鼓又振振。（再生緣叙朝鮮戰事。）論詩我亦彈詞體，（寅恪昔年撰王觀堂先生輓詞，述清代光宣以來事，論者比之於七字唱也。）悵望千秋淚濕巾。

（一九五三年秋）

客南歸述所聞戲作一絶

青史埋名願已如，青山埋骨願猶虛。可憐䭾舌空相問，一作訊。不識一作字內。何方有鑑湖。

（一九五三年）

*　　*　　*

答北客

多謝相知築菟裘，可憐無蟹有監州。柳家既負一作自有。元和脚，不采蘋花即自由。

（一九五三年）

編者注：此詩錄自唐篔手鈔草稿及積微居友朋書札。

詠黃籐手杖 并序

十五年前客雲南蒙自，得黃籐手杖一枝，友人刻銘其上曰：「陳君之策，以正衰矢。」因賦此詩，時癸巳仲冬也。

陳君有短策，日夕不可少。登牀始釋手，重把已天曉。晴和體差健，拄步庭園繞。歲久汗痕斑，染淚似湘篠。憶昔走滇南，黃虯助非小。時方遭國難，神瘁形愈槁。攜持偶登臨，聊復豁懷抱。摩挲勁節間，煩憂為一掃。無何目失明，更視若至寶。擿埴便冥行，幸免一邊倒。殘廢十年身，崎嶇萬里道。長物皆棄捐，唯此尚完好。支撐衰病軀，不作蒜頭搗。羞比杖鄉人，鄉關愁浩渺。家中三女兒，誰得扶吾老。獨倚一枝籐，茫茫任蒼昊。

（一九五三年冬）

編者注：本詩第二十句曾改作「幸免兩邊倒」及「差可不仆倒」。

答龍榆生

難同夷惠論通介，絶異韓蘇感謫遷。珍重蓋頭茅一把，西天不住住南天。
空耗官家五斗糧，何來舊學可商量。謝山堇浦吾滋愧，更愧蓉生闢老康。

（一九五四年一月）

*　*　*

癸巳除夕題曉瑩畫梅

晴雪映朝霞，相依守歲華。莫言天地閉，春色已交加。

（一九五四年二月二日）

甲午元旦題曾農髯丈所畫齊眉綏福紅梅圖 圖爲瑩寅結婚時洞房壁間所懸畫幅也

花枝含笑畫猶存，偕老渾忘歲月奔。紅燭高燒人竝照，緑雲低覆鏡回温。
新妝幾換孤山面，淺筆終留倩女魂。珍重玳梁香雪影，他生同認舊巢痕。

（一九五四年二月三日）

編者注：作者曾以此題吟詠多次，每稿文字略有差異。最後吟詠此題爲丙午元旦前後，題作「又題紅梅圖一律圖爲寅恪與曉瑩結褵時曾農髯丈熙所繪贈迄今將四十載矣」，見本集頁一七三。

* * *

寄題社稷壇牡丹畦 葉遐庵移植

名園古剎兩堪傷，賸博南安夢一場。姚魏移根猶易事，招魂難返楚蘭芳。

（一九五四年仲春）

編者注：此絕唐篔編詩目題作「寄題社稷壇園中崇效寺牡丹畦」（葉遐庵移植）。

甲午嶺南春暮憶燕京崇效寺牡丹及青松紅杏卷子有作 二絕

回首燕都掌故花，花開花落隔天涯。天涯不是無歸意，争奈歸期抵死賒。改宋人詞語。

紅杏青松畫已陳，興亡遺恨尚如新。山河又送春歸去，腸斷看花舊日人。

（一九五四年春暮）

編者注：此二絕錄自論再生緣。

* * *

戲和榆生先生荔枝七絕

浮瓜沈李俗能諳，誰賞羅襦玉内含。獻到華清妨病齒，不如煙雨棄天南。

（一九五四年）

題初學集 幷序

余少時見初學集，深賞其「埋没英雄芳草地，耗磨歲序夕陽天。洞房清夜秋燈裏，共簡莊周説劍篇」之句。今重讀此詩，感賦一律。

早歲偷窺禁錮編，白頭重讀倍悽然。夕陽芳草要離冢，東海南山下潠田。歸玄恭贈牧齋聯云：「居東海之濱，如南山之壽。」誰使英雄休入彀，明南都傾覆，牧齋隨例北遷，河東君獨留金陵。未幾牧齋南歸。然則河東君之志可以推知也。轉悲遺逸得加年。投筆集和杜工部秋興詩云：「苦恨孤臣一死遲。」枯蘭衰柳終無負，莫詠柴桑擬古篇。

（一九五四年）

編者注：柳如是别傳緣起所刊「題牧齋初學集（幷序）」其注文較此處爲詳。

甲午春朱叟自杭州寄示觀新排長生殿傳奇詩因亦賦答絶句五首近戲撰論再生緣一文故詩語牽連及之也

洪死楊生共一辰，美人才士各傷神。白頭聽曲東華史，（叟自號「東華舊史」。吳宓注：朱師轍字少濱。）唱到興亡便掩巾。

淪落多時忽值錢，霓裳新譜聖湖邊。文章聲價關天意，搔首呼天欲問天。（用再生緣語。）

豔魄詩魂若可招，曲江波接浙江潮。玉環已遠端生近，暝寫南詞破寂寥。

一抹紅牆隔死生，百年悲恨總難平。我今負得盲翁鼓，説盡人間未了情。

豐干饒舌笑從君，不似遵朱頌聖文。願比麻姑長指爪，儻能搔着杜司勳。

（一九五四年）

編者注：此五首絶句錄自柳如是別傳第五章及作者寄贈吳宓之稿。本題「甲午春」疑爲「甲午夏」之誤。

甲午廣州中秋

不邀明月不清遊，病鎖高樓似小舟。北照嬋娟頻怯影，南飛烏鵲又驚秋。
掩簾窗牖無光入，説餅年時有淚流。莫更團圞問今夕，早將身世付悠悠。

（一九五四年九月）

* * *

錢受之東山詩集末附甲申元日詩云「衰殘敢負蒼生望自理東山舊管絃」戲題一絶

興亡江左自傷情，遠志終慚小草名。誰為謝公轉一語，東山妓即是蒼生。

（一九五四年）

編者注：此絶另一錄稿第三句作「我爲謝公轉一語」。

聞歌

江安淮晏海澄波，共唱涼州樂世歌。座客善謳君莫訝，主人端要和聲多。

（一九五四年）

* * *

貧女 甲午季秋

綺羅高價等珠璣，白疊雖廉限敢違。幸有阿婆花布被，挑燈裁作入時衣。

（一九五四年秋）

無題

世人欲殺一軒渠，弄墨然脂作計疏。猧子（太真外傳有康國猧子之記載，即今外人所謂「北京狗」，吾國人則呼之爲「哈吧狗」。元微之夢遊春詩「嬌娃睡猶怒」與春曉絕句之「猧兒撼起鐘聲動」皆指此物，夢遊春之「娃」乃「猧」字誤，淺人所妄改者也。）吠聲情可憫，狙公賦芧意何居。早宗小雅能談夢，未覓名山便著書。回首卅年題尾在，處身夷惠泣枯魚。

昔年跋春在翁有感詩云：「處身於不夷不惠之間。」

（一九五四年）

* * *

讀昌黎詩遥想燕都花事

無力薔薇卧晚愁，有情芍藥淚空流。東皇若教（一作放。）柔枝起，老大猶堪秉燭遊。

（一九五四年）

詠燕郊舊園

數間舊宇翻新樣，一角紅樓映碧流。園柳愈青頭愈白，此生無分更重遊。

*　　*　　*

黄皆令畫扇有柳如是題陳卧子滿庭芳詞詞云「無非是怨花傷柳一樣怕黄昏」感賦二絶

美人對影傷憔悴，烈士銷魂感別離。一樣黄昏怨花柳，可憐一樣負當時。

清和景物對茫茫，畫裏江山更可傷。一念十年消（一作拋）。未得，寅恪考定此詞爲崇禎八年四月大樽送別河東君之作。至崇禎十七年首夏題扇時，已十年矣。是時河東君將偕牧翁自虞山往南都翊戴弘光也。柳花身世共迴腸。

（一九五四年）

編者注：本題第一首另一錄稿附後。

美人顧影憐憔悴，烈士銷魂感別離。一樣黄昏怨花柳，豈知一樣負當時。

讀梅村題鴛湖閨詠戲用彩筆體爲賦一律

載筆風塵未飽温，何妨招隱入朱門。紅巾翠袖誰揩淚，碧海青天共斷魂。
炊劍乾坤珍白璧，擔簦身世怕黃昏。憐香伴侶非耶是，留付他時細討論。

編者注：此詩錄自柳如是別傳第四章。

* * *

乙未陽曆元旦作時方箋釋錢柳因緣詩未成也

紅碧裝盤歲又新，可憐炊竈盡勞薪。太沖嬌女詩書廢，孺仲賢妻藥裹親。
食蛤那知天下事，然脂猶想柳前春。（河東君次牧齋冬日泛舟詩云：「春前柳欲窺青眼。」）炎方七見梅花笑，
惆悵仙源最後身。

編者注：本律另一錄稿第七句作「炎方六見梅花笑」。唐筼編詩目將此律及乙未陽曆元旦詩意有未盡復賦一律皆列於甲午年末（一九五五年初）。

乙未陽曆元旦詩意有未盡復賦一律

高樓冥想獨徘徊，歌哭無端紙一堆。天壤久銷奇女氣，江關誰省暮年哀。殘編點滴殘山淚，絶命從容絶代才。留得秋潭仙侶曲，陳卧子集中有秋潭曲，宋讓木集中有秋塘曲。宋詩更是考證河東君前期事迹之重要資料也。人間遺恨總難裁。

* * *

乙未舊曆元旦讀初學集崇禎甲申元日詩有「衰殘敢負蒼生望重理東山舊管絃」之句戲成一律

絳雲樓上夜吹簫，哀樂東山養望高。黄閣有書空買菜，玄都無地可栽桃。如花眷屬慙雙鬢，似水興亡送六朝。尚託惠香成狡獪，至今疑滯未能消。

（一九五五年一月）

乙未人日

嶺南此日思悠悠，愧對梅花六歲留。廢疾久遮今世眼，登臨猶發古時愁。
畫符道士翻遭祟，說夢癡人總未休。節物不殊情緒異，阿龍何地認神州。

（一九五五年一月）

* * *

曉瑩昔年賃宅燕都西城浸水河庭中植柳四株以白堊塗樹身望之如白皮松乙未春日與曉瑩同寓廣州偶憶及之感賦一律

玉幹葱條罷絮新，夏陰庭院似深春。乍來湖海逃名客，驚見神仙寫韻人。
款曲細傾千種意，低徊俄悟百年因。數椽卅載空回首，忍話燕雲劫後塵。

（一九五五年春）

編者注：此詩庚寅年稿末句爲「惆悵長安十丈塵」。

答寅恪偶憶北京浸水河故居原韻

曉瑩

翠竹紅棉鬬艷新，炎方二月已殘春。都中自遇逃名客，嶺表相依共命人。柳苑已隨飛絮化，桑田誰懺種瓜因。仙家韻事寧能及，何處青山不染一作惹。塵。

（一九五五年春）

* * *

乙未五月朔曉瑩生日賦贈

角黍王餘節候新，八年流寓又生辰。朱唇病起初嘗酒，緑葉陰成轉勝春。脂墨已鈔詩作史，妝臺須看海揚塵。鍾陵總道神仙侶，誰解鸞簫是隱淪。

（一九五五年六月廿日）

和曉瑩題陳眉公梅花詩畫册絶句

老梅根傍綺窗栽，疏竹光摇玉鏡臺。待得月明雙弄影，愁心千疊一時開。

（一九五五年）

題陳眉公梅花詩畫册一絶

曉　瑩

孤幹如虬伴竹栽，共浮清影上妝臺。東皇似解詩人意，故遣寒香映葉開。

（一九五五年）

詠紅豆 幷序

昔歲旅居昆明，偶購得常熟白茆港錢氏故園中紅豆一粒，因有箋釋錢柳因緣詩之意，迄今將二十年，始克屬草。適發舊篋，此豆尚存，遂賦一詩詠之，並以畧見箋釋之旨趣及所論之範圍云爾。

東山蔥嶺意悠悠，誰訪甘陵第一流。送客筵前花中酒，迎春湖上柳同舟。
縱回楊愛千金笑，終賸歸莊萬古愁。灰劫昆明紅豆在，相思廿載待今酬。

（一九五五年）

編者注：本詩第四句唐篔另一鈔稿作「迎春湖畔·柳維舟」。

* * *

乙未七夕讀義山馬嵬詩有感

義山詩句已千秋，今日無端共一愁。此日誰教同駐馬，當時各悔笑牽牛。
銀河淺淺褰難涉，金鈿申申詈未休。十二萬年柯亦爛，可能留命看枰收。

（一九五五年八月）

舊曆七月十七日爲瑩寅結婚紀念日賦一短句贈曉瑩

同夢悤悤廿八秋，也同歡樂也同愁。侏儒方朔俱休説，一笑妝成伴白頭。

（一九五五年九月）

答寅恪七月十七日贈句次原韻

曉瑩

甘苦年年慶此秋，已無惆悵更無愁。三雛有命休縈念，歡樂餘生共白頭。

（一九五五年九月）

乙未中秋夕贈内即次去歲中秋韻

紅塵白髮任優遊，自笑玄真不繫舟。臨鏡花前如舊影，焚香亭上又中秋。
濁醪有理心先醉，殘燭無聲淚暗流。終負人間雙拜月，高寒千古對悠悠。

（一九五五年九月）

和寅恪乙未中秋見贈次原韻

曉　瑩

天涯去駐總優遊，身世頻年一釣舟。近岸魚兒常避影，高空桂子又知秋。獨邀明月三人醉，不掛風帆萬里流。珍重團欒今夕景，古來多少恨悠悠。

（一九五五年九月）

編者注：曉瑩另一稿第二句作「身世頻年一鈎舟」。

余季豫先生輓詞二首

劉班流略久湮淪，降及清儒緒未振。公起湖湘抒所見，識超紀阮得其真。
早窮青史埋憂患，晚借黃車養性神。待續遺書猶滿篋，龍門世業有傳人。
當年初復舊山河，道故傾談屢見過。豈意滔天沈赤縣，竟符掘地出蒼鵞。
東城老父機先燭，南渡殘生夢獨多。衰淚已因家國盡，人亡學廢更如何。

（一九五五年）

* * *

題唐玉虬悼亡奇痛記 一絕

文盲陳寅恪

孺仲賢妻句欲仙，悲懷難遣記當年。西南我亦曾漂泊，夢怕如珠米價錢。

乙未迎春後一日作

乍暖還寒幾換衣，今年節候與春違。黃鶯驚夢啼空苦，白雁隨陽倦未歸。披史獨悲朱墨亂，看花誰送紫紅飛。東坡文字為身累，東坡詩云「平生文字爲吾累」。莫更尋詩累去非。陳去非詩云「亭角尋詩滿袖風」，又云「更擬東坡嶺外文」。

（一九五六年二月）

* * *

乙未除夕臥病強起與家人共餐感賦檢點兩年以來著作僅有論再生緣及錢柳因緣詩箋釋二文故詩語及之也

身世盲翁鼓，文章浪子書。東林點將録以錢謙益當水滸傳之浪子燕青。無能搜鼠雀，有命注蟲魚。遮眼人空老，蒙頭歲又除。那知明日事，蛤蜊笑盤虛。

（一九五六年二月）

丙申春日偶讀杜詩「唯見林花落」之句戲成一律

林花天上落紅芳，飄墮人間共斷腸。阿母筵開争罵座，太真仙去願專房。
按歌未信宫商换，學舞端憐左右忙。休問大羅雲外事，春陰終護舊栽棠。

（一九五六年春）

* * *

從化温泉口號二首

火雲蒸熱漲湯池，待洗傾城白玉脂。可惜西施心未合，只能留與浴東施。（醫言患心臟病者不宜浴此泉。）

曹溪一酌七年遲，冷暖隨人腹裏知。未解西江流不盡，漫誇大口馬禪師。（余日飲温泉水一盞。）

（一九五六年）

丙申六十七歲初度曉瑩置酒爲壽賦此酬謝

紅雲碧海映重樓，初度盲翁六七秋。織素心情還置酒，然脂功狀可封侯。時方箋釋河東君詩。平生所學供埋骨，晚歲為詩欠砍頭。幸得梅花同一笑，炎方已是八年留。

（一九五六年）

編者注：柳如是別傳所刊此律題爲「丙申五月六十七歲生日曉瑩於市樓置酒賦此奉謝」，第八句作「嶺南已是八年留」。

* * *

丙申七夕作時蘇彝士運河問題方甚囂塵上也

炎暑依然汗不收，未知何處是新秋。金閨有願陳瓜果，銀漢無情隔女牛。人世怨恩空擾擾，天公心意總悠悠。更憐橫貫三洲水，也作紅牆一夜流。

（一九五六年八月）

戲題余秋室繪河東君初訪半野堂小影

弓鞵逢掖訪江潭，奇服何妨戲作男。詠柳風流人第一，河東君金明池詠寒柳詞云：「念疇昔風流，暗傷如許。」非用謝道蘊詠絮事。畫眉時候月初三。河東君於崇禎十三年十二月二日入居牧齋新建之我聞室。李笠翁意中緣曲中，黃天監以「畫眉」爲「畫梅」，若從其言，則屬對更工切矣。一笑。東山小草今休比，南國名花老再探。牧齋以萬曆三十八年庚戌廷試，以第三人及第，時年二十九歲。至崇禎十三年庚辰遇河東君時，年已五十九歲矣。好影育長終脈脈，見世說新語紕漏類。興亡遺恨向誰談。

（一九五六年）

聽讀夏瞿禪新著姜白石合肥本事詞即依見贈詩原韻酬之

紅樓隔雨幾回望，衣狗浮雲變白蒼。天寶時妝嗤老大，洛陽格義墮微茫。
詞中梅影招魂遠，嶺外鶯聲引興長。肥水東流無限恨，不徒兒女與年光。

（一九五六年）

編者注：本律另一錄稿第三、四句作「鳳紙相思哀窈窕，馬肝可笑墮微茫」，第七、八句作「肥水東流天北轉，騰排新譜送年光」。而「文革」中某一佚稿，第五句作「詞中梅影歸魂遠」，第七、八句爲「肥水東流星北轉，莫隨兒女歎年光」。

* * *

丁酉上巳前二日廣州京劇團及票友來校清唱即賦三絶句

暮年蕭瑟感江關，城市郊園倦往還。來譜雲和琴上曲，鳳聲何意落人間。謂張淑雲、孫艷琴兩團員及伍鳳儀女士。

沈鬱軒昂各有情，謂男團員及票友。好憑一作馮。絃管唱昇平。杜公披霧花仍隔，戴子聽鸝酒待傾。新谷鶯、華蘭蘋兩團員未來。

紅豆生春翠欲流，聞歌心事轉悠悠。貞元朝士曾陪座，四十餘年前在滬陪李瑞清丈觀譚鑫培君演連營寨，後數年在京又陪樊增祥丈觀譚君演空城計。一夢華胥四十秋。

（一九五七年三月卅一日）

* * *

前題余秋室繪河東君訪半野堂小影詩意有未盡更賦二律 丁酉

岱嶽鴻毛説死生，當年悲憤未能平。佳人誰惜人難得，故國還憐國早傾。

柳絮有情還自媚，桃花無氣欲何成。楊妃評泊然脂夜，流恨師涓枕上一作畔。聲。

佛土文殊亦化塵，如何猶寫散花身。白楊幾換墳前樹，紅豆長留世上春。

天壤茫茫原負汝，海桑渺渺更愁人。衰殘敢議千秋事，賸詠崔徽畫裏真。

（一九五七年）

丁酉首夏贛劇團來校演唱牡丹對藥梁祝因緣戲題一詩

金樓玉茗了生涯，（年來頗喜小說戲曲，梁祝事始見於蕭七符書也。）老去風情歲歲差。細雨競鳴秦吉了，故園新放洛陽花。相逢南國能傾國，不信仙家果出家。共入臨川夢中夢，聞歌一笑似京華。

（一九五七年五月）

* * *

丁酉首夏校園印度象鼻竹結實大如梨曉瑩學寫其狀寅恪戲題二絶

西天不恨移根遠，南國微憐結實遲。多少柔條搖落後，平安報與故人知。

青葱能保歲寒姿，畫裏連昌憶舊枝。留得春風應有意，莫教緑鬢負年時。

（一九五七年五月）

丁酉五日客廣州作

照影湘波又換妝，今年新樣費裁量。聲聲梅雨鳴箏訴，王少伯詩「樓頭小婦鳴箏坐」，白樂天詩「絃絃掩抑聲聲思，似訴平生不得志」。陣陣荷風整鬢忙。好扮艾人牽傀儡，苦教蒲劍斷鋃鐺。天涯節物鰣魚美，莫負榴花醉一場。

（一九五七年六月）

* * *

答王嘯蘇君 三絶句

碧沼紅橋引玉泉，樹人樹木負當年。歸舟濡滯成何事，轉恨論文失此賢。

東坡夢裏舊巢痕，惆悵名存實未存。欲訪梁王眠食地，待君同出郭西門。

望斷衡雲六十秋，潭州官舍記曾遊。死生家國休回首，淚與湘江一樣流。

（一九五七年）

編者注：此三首七絶録自吴宓日記。

丁酉陽曆七月三日六十八歲初度適在病中時撰錢柳因緣詩釋證尚未成書更不知何日可以刊佈也感賦一律

生辰病裏轉悠悠，證史箋詩又四秋。老牧淵通難作匹，阿雲格調更無儔。
渡江好影花争艷，填海雄心酒祓愁。珍重承天井中水，人間唯此是安流。

（一九五七年七月）

* * *

用前題意再賦一首年來除從事著述外稍以小説詞曲遣日故詩語及之

歲月猶餘幾許存，欲將心事寄閑言。推尋衰柳枯蘭意，刻畫殘山賸水痕。
故紙金樓銷白日，新鶯玉茗送黄昏。夷門醇酒知難貰，聊把清歌伴濁樽。

（一九五七年）

丁酉七夕

萬里重關莫問程，今生無分待他生。低垂粉頸言難盡，右袒香肩夢未成。原與漢皇聊戲約，那堪唐殿便要盟。天長地久綿綿恨，贏得臨邛說玉京。

（一九五七年八月）

*　　*　　*

題王觀堂人間詞及人間詞話新刊本

世運如潮又一時，文章得失更能知。沈湘哀郢都陳蹟，賸話人間絶妙詞。

（一九五七年）

箋釋錢柳因緣詩完稿無期黃毓祺案復有疑滯感賦一詩

然脂瞑寫費搜尋，楚些吳歈（一作歌。）感恨深。紅豆有情春欲晚，黃扉無命陸終沉。機雲逝後英靈改，蘭萼來時麗藻存。拈出南冠一公案，可容遲暮細參論。

（一九五八年）

編者注：「寒柳堂記夢未定稿弁言」及吳宓鈔存稿中所錄本詩第六句皆作「江潭騷客已無魂」。

* * *

南海世丈百歲生日獻詞

此日欣能獻一尊，百年世局不須論。看天北斗驚新象，記夢東京惜舊痕。元祐黨家猶有種，（指新會某世交也。）平泉樹石已無根。（借用李文饒平泉山居戒子孫記中「非吾子孫」之意。）玉谿滿貯傷春淚，未肯明流且暗吞。

（一九五八年）

遥祝少濱先生八十生日即次自述詩原韻

雜花生樹語鶯兒，三月江南正此時。訪古偶過蘇小小，和詞還涉李師師。護摩北斗非無相，名勝西湖總有詩。聞説稱觴初八十，更欣吾道未陵夷。

（一九五八年春）

* * *

春盡病起宴廣州京劇團并聽新谷鶯演望江亭所演與張君秋微不同也 七律三首

兼旬病過杜鵑花，陸務觀新夏感事詩云：「病起兼旬疏把酒，山深四月始聞鶯。」强起猶能迓客車。天上素娥原有黨，錢受之中秋夕效歐陽詹翫月詩云：「天上素娥亦有黨。」人間紅袖尚無家。謂座客之一。關心曲藝休嫌晚，置酒園林儘足誇。世態萬端同是戲，何妨南國異京華。

編者注：此三首七律録自吴宓鈔存稿。詩後有吴宓附記云：諸詩藉閑情以寓意，雖係娛樂事而寅恪之精神懷抱，悉全部明白寫出，爲後來作史及知人論世者告。至其記誦之淵博，用語之綰合，寄意之深遠，又寅恪勝過他人處。如（一）陸詩如不引注原句，則讀者將忽略之，而不賞其「聞鶯」

江郊小閣倚輕寒，新換春妝已着襌。青鏡鉛華初未改，白頭哀樂總相干。十年鮭菜餐能飽，三月鶯花酒盡歡。留取他時作談助，莫將清興等閒看。

葵羹桂醑足風流，春雨初晴轉似秋。桑下無情三宿了，見後漢書襄楷傳及東坡別黄州詩。草間有命幾時休。早來未負蒼生望，老去應逃後死羞。傳語朋儕同一笑，海南還勝海西遊。

（一九五九年四月）

* * *

邏些 七律一首

邏些山高鳥倦飛，如何法帳轉西歸。金瓶黄教無興廢，玉斧紅塵有是非。五道漢旌飄曙色，千年唐碣送斜暉。會盟長慶尋常事，誰為傷春淚濕衣。

（一九五九年）

之切合新谷鶯也。（二）錢詩如不引注原句，則讀者將謂此句爲妄談政治（想必兩僧伯父亦知第一首第三句尚具體有所指。編者識）。（三）桑下三宿，佛徒所戒，此固人人知之，而宓讀襄楷傳乃知楷之言天象實指人事，蓋當時濫刑多殺，士氣鬱湮，故致天變，襄楷等非方士，乃直諫之忠臣耳。要須久久細讀方可盡得寅恪詩中之意。（見吳宓與陳寅恪，頁一三六——一三七）

己亥七夕作前二日立秋 七律一首

襹襹誰家可小休，玉簪前夕報新秋。人間佳節銷魂過，樓外明河照夢流。丹藥黃金徒擾擾，青天碧海自悠悠。年時總噪填橋鵲，一水終留萬古愁。

（一九五九年八月）

* * *

聽演桂劇改編桃花扇劇中香君沈江而死與孔氏原本異亦與京劇改本不同也

興亡遺事又重陳，北里南朝恨未申。桂苑舊傳天上曲，桃花新寫扇頭春。是非誰定千秋史，哀樂終傷百歲身。鐵鎖長江東注水，年年流淚送香塵。

（一九五九年）

觀桂劇桃花扇劇中以香君沈江死爲結局感賦二絶

桃花一曲九迴腸，忍聽悲歌是故鄉。煙柳樓臺無覓處，不知曾照幾斜陽。

殉國堅貞出酒家，玉顔同盡更堪嗟。可憐濁世佳公子，不及辛夷況李花。

（一九五九年）

* * *

庚子春張君秋來廣州演狀元媒新劇時有人於臺前攝影戲作一詩

育長迴影更多姿，金鎖初除欲語時。今夕聞歌還一笑，嶺南春好落花遲。

（一九六〇年春）

又別作一首

不歌禎尾唱紅顔，翻感江關庾子山。何意香南漸消歇，又將新調醉人寰。

（一九六〇年）

*　　*　　*

題先大兄畫桂花册

金英翠葉不凋殘，留與炎方野老看。聞有月中千丈樹，未曾攀折怕高寒。

崖壑幽姿影尚存，小山招隱事難論。畫圖流轉關天意，珍重飄香紙上痕。

（一九六〇年）

寄題小五柳堂卷子

流水桃花渺碧空，人間飛絮舞東風。年來懷古思鄉意，盡在鳴蜩緑暗中。

（一九六一年）

編者注：此題本七絶二首，另首佚。

*　　*　　*

失　題

折腰為米究如何，折斷牛腰米未多。還是北窗高卧好，枕邊吹送楚狂歌。

編者注：此絶録自殘存紙片，疑爲寄題小五柳堂卷子七絶二首之二。

寄懷杭州朱少濱

東坡聊可充中隱，吏部終難信大顛。南海西湖同一笑，鳥鳴花放自年年。

（一九六一年）

* * *

辛丑七月雨僧老友自重慶來廣州承詢近況賦此答之

五羊重見九迴腸，雖住羅浮別有鄉。留命任教加白眼，著書唯賸頌紅妝。近八年來草論再生緣及錢柳因緣釋證等文凡數十萬言。鍾君點鬼行將及，湯子拋人轉更忙。為口東坡休自笑，老來事業未荒唐。

（一九六一年八月卅日）

編者注：本詩第七句唐篔另一錄稿作「爲口東坡還自笑」。一九六一年九月一日雨僧日記云：……總之，寅恪之研究「紅妝」之身世與著作，蓋藉此以察出當時政治（夷夏）、道德（氣節）之真實情況，蓋有深意存焉，絕非消閒、風流之行事……（見吳宓與陳寅恪，頁一四五）

贈吴雨僧

問疾寧辭蜀道難，相逢握手淚汍瀾。暮年一晤非容易，應作生離死别看。

因緣新舊意誰知，滄海栽桑事已遲。幸有人間佳耦在，杜蘭香去未移時。

玉谿生重過聖女祠詩原句。

圍城玉貌還家恨，桴鼓金山報國心。孫盛陽秋存異本，遼東江左費搜尋。

弦箭文章那日休，蓬萊清淺水西流。鉅公漫詡飛騰筆，不出卑田院裏遊。

（一九六一年九月三日）

編者注：本題第二絶第三句寅恪先生詩存刊作「幸有人間佳親在」，現依唐筼錄存稿修正。

*　*　*

辛丑中秋

嬌寒倦暖似殘春，節物茫然過嶺人。數夕蟾蜍圓缺異，一枝烏鵲雨風頻。

小冠那見山河影，大患仍留老病身。差喜今宵同説餅，捲簾輕霧接香塵。

（一九六一年九月）

編者注：此詩錄自唐筼代作者書贈吴宓箋。

辛丑除夕作 并序

辛丑除夕立春，壬寅元旦日食。又日月合璧，五星聯珠，東南亞諸國受天竺天文星曆之影響者，其人民皆羣集祈禱，以為世界末日將至。與吾國以此天象為堯舜盛世之祥瑞者，大異其解。古今中外所見互殊，斯其一例矣。寅恪生於光緒庚寅，推命家最忌本運年。今寄寓羊城，羊城之得名，由於堯時仙人五羊之傳說，故詩語戲及之也。

元旦驚聞警日躔，迎春除夕更茫然。裁紅暈碧今何世，合璧聯珠別有天。
虎歲儻能逃佛劫，羊城猶自夢堯年。病魔窮鬼相依慣，一笑無須設餞筵。

（一九六二年二月）

壬寅元夕作用東坡二月三日點燈會客韻

暝入非非色相天，難分黑白辨媸妍。人情未許忘燈節，世事唯餘照酒船。戲海魚龍千萬里，知春梅柳六三年。光緒庚子元夕，先母口授姜白石元夕不出詞，中有「柳慳梅小未教知」之語。江河點綴承平意，對淡巴菰作上元。時有餽大中華牌紙煙者。

（一九六二年二月）

*　　*　　*

壬寅元夕後七日二客過談因有所感遂再次東坡前韻

不用楊枝伴樂天，幸餘梅影晚猶妍。文章豈入襲開録，身世翻同范蠡船。南國有情花處處，東風無恙月年年。名山金匱非吾事，留得詩篇自紀元。

（一九六二年二月廿六日）

一九六二年三月二十九夕廣州京劇團新谷鶯諸君來中山大學清唱追感六年前舊事仍賦七絕三首以紀之

歌動重樓映海光，病夫乘興亦看場。今宵春與人同暖，倍覺承平意味長。

文字聲名不厭低，東坡詩句笑兼啼。千秋有命存殘稿，六載無端詠舊題。

（一九六二年三月末）

蔣天樞按：此三絕句僅存第一第三兩首。第二首存「戴子黄柑酒可傾」首句，下佚。

編者注：本題第一絕首句，唐篔另一錄稿作「歌動重樓漾海光」。

* * *

壬寅清明病中作

身隱之推焉用文，木棉花落自紛紛。鹿門山遠龐公病，望斷東坡嶺外雲。

（一九六二年四月）

憶燕山浸水河舊居賦此詩時爲曉瑩生日即以是篇爲壽可也

庭院清陰四柳垂，鳳城西角訪幽姿。新妝病起渾忘倦，滄海人來稍恨遲。感世春山舒疊翠，傾心秋水記流漪。嶺南偕隱今回首，換却長安幾局棋。

（一九六二年六月二日）

答寅恪偶憶北京浸水河故居原韻 壬寅孟夏

曉瑩

翠幕奇葩滿眼新，炎方四序總如春。都中自遇逃名客，嶺表相依共命人。柳院已疑同絮化，江城偶駐結來因。仙家韻事寧能及，松柏蒼蒼隔世塵。

（一九六二年孟夏）

編者注：此律原韻見本集頁一一三及一一四。

壬寅中秋夕博濟醫院病榻寄内

平生三度感中秋，博濟昆明渤海舟。此三度皆有東坡水調歌頭之感。腸斷百年垂盡日，清光三五共離憂。庚子山對酒歌云：「人生一百年，歡樂唯三五。」

（一九六二年九月十三日）

*　*　*

壬寅小雪夜病榻作

任教憂患滿人間，欲隱巢由不買山。賸有文章供笑駡，那能詩賦動江關。今生積恨應銷骨，後世相知儻破顔。疏屬汾南何等事，衰殘無命敢追攀。

（一九六二年十一月）

入居病院療足疾至今日適爲半歲而足疾未瘉擬將還家度歲感賦一律 舊曆壬寅十二月十日

不比遼東木蹋穿，那能形毀尚神全。今生所賸真無幾，後世相知或有緣。脈脈暗銷除歲夕，依依聽唱破家山。念家山破，乃曲調之名。吴梅村弔董白詩云：「念家山破定風波」者是也。近撰文頗論董小宛董鄂妃事，故語及之。至先删兩韻古通，觀再生緣第十九卷首二句即其一例。有人謂陳端生間用杭州土語押韻，未知所指何詞句，俟得暇詳檢。酒兵愁陣非吾事，把臂詩魔一粲然。

（一九六三年一月五日）

編者注：本律第二句另一錄稿作「那能形毀更神全」。

病中南京博物院長曾昭燏君過訪話舊並言將購海外新印李秀成供狀以詩紀之

銀海光銷雪滿顛，重逢臏足倍悽然。澗瀍洛下猶餘地，韋杜城南莫問天。
雄信讞詞傳舊本，昆明灰劫話新煙。論交三世無窮意，吐向醫窗病榻邊。

（一九六三年初）

編者注：本律另一鈔稿首句作「雲海光銷雪滿顛」，第二句作「重逢擯足倍悽然」。

* * *

癸卯正月十一日立春是夕公園有燈會感賦

南國輕寒細雨天，老夫病榻意蕭然。裁紅暈碧今何處，插柳張燈更一年。
涉世久經刀刺舌，聞歌渾忘雪盈顛。窗前東北風方急，薄絮衣成候又遷。

（一九六三年二月）

癸卯元夕作用東坡韻

燈節寒風欲雨天，淩波憔悴尚餘妍。病室中有水仙一株。山河來去移春檻，身世存亡下瀨船。自信此生無幾日，未知今夕是何年。羅浮夢破東坡老，那有梅花作上元。

（一九六三年二月）

* * *

癸卯中秋作

非死非生又一秋，不夷不惠更堪羞。宋家玉斧誠難問，梁室金甌忽惹愁。塞遠雁鴻心怵惕，月明荇藻影沈浮。團圞兒女今何世，且任天公萬事休。

（一九六三年十月）

編者注：本律前二句見於晉陽學刊一九八二年三期所載陳寅恪傳略一文，後六句經多次追索，一九九四年六月始得獲見，現於本詩集再版時刊出。

十年以來繼續草錢柳因緣詩釋證至癸卯冬粗告完畢偶憶項蓮生鴻祚云「不爲無益之事何以遣有涯之生」傷哉此語實爲寅恪言之也感賦二律

横海樓船破浪秋，南風一夕抵瓜州。石城故壘英雄盡，鐵鎖長江日夜流。
惜別漁舟迷去住，封侯閨夢負綢繆。八篇和杜哀吟在，此恨綿綿死未休。

世局終銷病榻魂，謻臺文在未須言。高家門館恩誰報，陸氏莊園業不存。
遺屬只餘傳慘恨，著書今與洗煩冤。明清痛史新兼舊，好事何人共討論。

（一九六三年冬）

編者注：本題第二律第四句另一稿作「陸氏莊園力不存」。

癸卯冬至日感賦

倦暖嬌寒秋似春，匆匆南至又今辰。四時節候頻催老，十部儒流敢道貧。
石火乾坤重換劫，劍炊身世更傷神。文章堆几書驢券，可有香山樂府新。

（一九六三年十二月）

* * *

去歲大寒節後一日天氣晴和余自醫院還家今歲大寒節連日陰雨感賦一律 癸卯十二月初七

輿疾還家恰一春，去年今日倍傷神。耐寒敢比堯時鶴，歎道翻同魯野麟。
萬里陰沈連續雨，千秋心事廢殘身。尋常歲月因何記，付寫先生病曆人。

（一九六四年一月廿一日）

甲辰元旦余撰春聯云「豐收南畝春前雨先放東風嶺外梅」又除夕前買花數株故第四句第六句述其事也

我今自號過時人，一榻蕭然了此身。藥裹那知來日事，花枝猶憶去年春。
北風淒緊逢元旦，南畝豐登卜甲辰。閉户高眠辭賀客，任他嗤笑任他嗔。

（一九六四年二月）

* * *

甲辰人日作

昔年人日錦官城，曾訪梅花冒雨行。嶺表今朝頭早白，疏枝冷蕊更關情。

（一九六四年二月十九日）

甲辰元夕作次東坡韻 并序

余深喜元夕張燈，猶存舊俗，惜不能飲酒，負此良宵，詩中第二聯即述斯意也。

凍雨寒風乍息天，瓶花病室媚幽妍。猶存先祖玄貂臘，不倒今宵綠螘船。

鳳翼韶光春冉冉，羊城燈節夜年年。仙雲久墮羅浮阻，作惡情懷過上元。

（一九六四年二月廿七日）

* * *

甲辰春分日贈向覺明 三絕

慈恩頂骨已三分，西竺遥聞造塔墳。吾有豐干饒舌悔，羡君辛苦綴遺文。

梵語還原久費工，金神寶枕夢難通。轉憐當日空奢望，竟與拈花一笑同。

握手重逢庾嶺南，失明臏足我何堪。儻能八十身猶健，公案他年好共參。

（一九六四年三月廿日）

編者注：後二絕錄自蕭良瓊「向達」（載於劉啓林主編當代中國社會科學名家）。

甲辰四月贈蔣秉南教授

音候殷勤念及門，遠來問疾感相存。鄭王自有千秋在，尊酒慙難與共論。

君於詩經、楚辭皆有論著，惜寅恪於此未嘗深研，故不能有所補益也。

草間偷活欲何為，聖籍神皋寄所思。擬就罪言盈百萬，藏山付託不須辭。

俗學阿時似楚咻，可憐無力障東流。河汾洛社同邱貉，此恨綿綿死未休。

（一九六四年六月）

* * *

贈瞿兌之

三世交親並幸存，海天愁思各銷魂。開元全盛誰還憶，便憶貞元滿淚痕。

再度宣仁聽政時，哲宗拱默費維持。金鑾密記家藏在，腸斷難勝帶下醫。

東市朝衣血褪殷，昭陵欲哭已無山。臏滂孫子慙才識，痛史當年待補刪。

浙米矛頭春復秋，儻容垂死得優游。笑他名士為何物，猶自矜誇第幾流。

*　　*　　*

甲辰天中節即事和丁酉端午詩原韻

争傳飛燕倚新妝，看殺風流趙豔娘。林邑馴犀勞遠使，崑崙貴客滿高堂。
青蛇白蟒當年戲，緑糉紅花此日忙。節物不殊人事改，且留殘命卧禪牀。

（一九六四年六月）

*　　*　　*

戲題有學集高會堂詩後

竹外横斜三兩枝，分明不是暮春期。未知輕薄芳姿意，得會衰殘野老思。
萬里西風吹節换，夕陽東市索琴遲。可憐詩序難成讖，十月桃花欲笑時。

蔣天樞按：此詩不知何年作，姑附此。

戲集唐人成句

霸才無主始憐君，溫飛卿過陳琳墓。寅恪案，「君」指河東君。從顧云美河東君傳之先例也。世路干戈惜暫分。李義山杜工部蜀中離席。寅恪案，陳臥子於崇禎七年，即程松圓賦朝雲詩之年，其爲河東君作早梅詩云：「干戈繞地多愁眼。」兩目眵昏頭雪白，韓退之短燈檠歌。枉拋心力畫朝雲。元微之白衣裳二首之二。

編者注：此集句錄自柳如是別傳第三章（上海古籍出版社一九八〇年版，頁一八九）。作者云：論朝雲詩八首既竟，頗覺松圓生吞活剝杜詩原句太多。今寅恪百尺竿頭更進一步，戲集唐人成句爲七絕一首，以博讀者一笑。

* * *

稿竟說偈

刺刺不休，沾沾自喜。忽莊忽諧，亦文亦史。述事言情，憫生悲死。繁瑣冗長，見笑君子。失明臏足，尚未聾啞。得成此書，乃天所假。臥榻沈思，然脂暝寫。痛哭古人，留贈來者。

（一九六四年夏）

編者注：此偈錄自柳如是別傳末頁。作者於甲辰（一九六四年）夏月錢柳因緣詩釋證稿初稿完成時，亦有稿竟說偈，現一併刊出，供讀者研究參考。

稿竟説偈

奇女氣銷，三百載下。孰發幽光，陳最良也。嗟陳教授，越教越啞。
麗香羣鬧，皋比決捨。無事轉忙，然脂暝寫。成卌萬言，如瓶水瀉。
怒罵嬉笑，亦俚亦雅。非舊非新，童牛角馬。刻意傷春，貯淚盈把。
痛哭古人，留贈來者。

錢柳逝世三百年歲次甲辰夏月
陳寅恪書於金明館時年七十五

*　*　*

甲辰五月十七日七十五歲初度感賦

吾生七十愧蹉跎，況復今朝五歲過。一局棋枰還未定，百年世事欲如何。
炎方春盡花猶艶，瘴海雲騰雨更多。越鳥南枝無限感，唾壺敲碎獨悲歌。

（一九六四年六月）

戲賦反落花詩一首次聽水齋落花詩原韻

嶺南不見落英時，四序皆春轉更悲。初意緑陰多子早，豈期朱熟薦英遲。
東皇西母羞相會，碧海青天悔可知。遥望長安花霧隔，百年誰覆爛柯棋。

（一九六四年）

* * *

題小忽雷傳奇舊刊本

南朝北里恨難窮，羣唱桃花扇底風。争及唐宫尤物好，雙弦親譜舊焦桐。
贊皇白傅史稱賢，甘露沈冤論頗偏。惟有義山超黨見，傷春詩句最堪傳。
歌臺崑弋漸淪亡，變調皮黄看欲狂。賀老琵琶今若在，定場何處覓連昌。
文字能教古器新，當年盛事久成陳。檀槽天壤無消息，淚灑千秋紙上塵。

一九六四年歲次甲辰七月三日

七十五叟陳寅恪書於廣州金明館

立秋前數日有陣雨炎暑稍解喜賦一詩

周遭爐火鐵山圍，病體能支意轉迷。韓偓偷生天莫問，范文祈死願偏違。
早知萬物皆芻狗，何怪殘軀似木雞。拈出堯章詩亦好，秋前雨句可重題。

姜白石詩云：「人生難得秋前雨。」

（一九六四年八月初）

* * *

戲續杜少陵秋興詩「劉向傳經心事違」句成七絕一首

劉向傳經心事違，翁今兒古各相非。何如東晉郗家好，父子天師道共歸。

（一九六四年）

甲辰舊曆七月十七日爲寅恪與曉瑩結婚紀念日，當日余堯衢筆康丈贈以一聯曰「天孫七夕展佳期」今此聯尚存焉

天孫七夕展佳期，稍晚佳期轉更宜。三十六年回首憶，今宵仍進玉醪巵。
狂愚殘廢病如絲，家國艱辛費護持。法喜維摩同一夢，可憐同一負當時。

（一九六四年八月廿四日）

* * *

病中喜聞玉清教授歸國就醫口占二絶贈之

海外東坡死復生，任他蜚語滿羊城。碧琅玕館春長好，笑勸麻姑酒一觥。

年來身世兩茫茫，衣狗浮雲變白蒼。醉餓為鄉非上策，我今欲以病為鄉。

王無功作醉鄉記，管異之作餓鄉記，不佞將作病鄉記以寄意焉。

（一九六四年十月廿九日）

題畫二首

蜀　葵

宋時涑水近南皮，曾賦兹花寄所思。今日斷垣煙雨裏，可憐猶見獨開枝。

黃　菊

亂眼晴雲間晚霞，黃絁偏愛道人家。三閭彭澤非真賞，應惜連根不落花。

偶成 五律一首

腰折嗟元亮，頭蒙笑伯符。蜂房分户牖，蟻穴斗錙銖。沉醉天休問，翻騰海欲枯。醯雞能自媚，何用較區區。

（一九六四年十二月八日）

* * *

一榻 七律一首

一榻昏昏送夕曛，長安方罫斷知聞。江淹老去嗟才盡，杜牧春歸感翼分。蜀郡玄文終寂寞，子公大力枉紛紜。殘年廢疾成何事，臏卧山中玩白雲。

寒　夕

寒夕無文讌，錢謙益賦寒夕文讌詩。閒居有病身。朱勝非著秀水閒居録。廢殘天所命，迂闊世同嗔。飂忽魂何往，迷離夢未真。酒茶今並禁，藥物更相親。

*　　　*　　　*

解　嘲 一絕

此生未學種花農，慚聽闍黎飯後鐘。覓得哀家梨一樹，灌園甘任郭駝峰。

枕上偶憶建炎以來繫年要録所載何縝絶命詩因戲次其韻亦作一首誠可謂無病而呻者也

元亮虛留命，靈均久失魂。人生終有死，遺恨塞乾坤。

（一九六四年）

* * *

歲暮背誦桃花扇餘韻中哀江南套以遣日聊賦一律

早年熟讀蘭成賦，晚歲高歌曲阜詞。東海西山無限感，南朝北里有情癡。
病餘皮骨寧多日，看飽興亡又一時。却笑盲翁空負鼓，趙家莊裏怕人知。

（一九六四年末）

除夕前夕買蠟梅水仙各一株除夕忽有風雨口占一絶

嶺南先返玉梅魂，盛賞今推蠟萼尊。賴有凌波伴岑寂，未妨風雨送黄昏。

（一九六五年二月初）

* * *

聞甲辰除夕廣州花市有賣牡丹者戲作一絶

争看魏紫與姚黄，孤負寒梅媚晚妝。易俗移風今歲始，鬼神不拜拜花王。

（一九六五年二月初）

甲辰廣州除夕作 時家人皆病

謝客今宵早閉門，家人相對更相存。衡陽雁陣遲歸翼，嶺外梅花返去魂。
餞歲杯盤稀布席，迎春葩葉艷栽盆。明年此夕知何似，且破衰顏一笑温。

（一九六五年二月一日）

唐篔鈔存稿原注：除夕適值篔及美延皆卧病，且節約過春節，飯桌上只有兩小盤青菜而已。

* * *

乙巳廣州元旦作

未知何日得扶鳩，仰卧看天又一秋。元旦鶯啼催早起，雙門花放憶前遊。
密林返影穿窗入，爆竹殘灰滿院留。雖不能觀猶欲視，無邊春色到炎州。

（一九六五年二月二日）

乙巳正月三日立春作

南州候改雨絲絲，節物翻縈北客思。暈碧裁紅如隔世，迴黃轉緑未移時。聞歌易觸平生感，治史難逃後學嗤。終覺今朝春可惜，小桃花放少人窺。小桃花歲首開放，見陸放翁老學庵筆記。

（一九六五年二月初）

* * *

乙巳人日作　七律

嶺南人日早春天，不見梅花益悃然。輓句已吟徐騎省，徐騎省集李後主輓詞云：「此生雖未死，寂寞已銷魂。」彈詞猶聽李龜年。時方聽讀長生殿傳奇。善和舊籍殘餘盡，孺仲賢妻痊病連。强欲排愁送佳節，又傳烽火照龍編。

（一九六五年二月初）

編者注： 此律第六句，美延鈔存稿爲「孺仲賢妻疾病連」。

乙巳元夕前二日始聞南京博物院院長曾昭燏君逝世於靈谷寺追輓一律

論交三世舊通家，初見長安歲月賒。何待濟尼知道韞，未聞徐女配秦嘉。
高才短命人誰惜，白璧青蠅事可嗟。靈谷煩寃應夜哭，天陰雨濕隔天涯。

（一九六五年二月十四日）

編者注：本詩稿後有附言：「請轉交向覺明先生一覽，聊表哀思，但不可傳播也。」本題另一錄稿文字不盡相同，刊後供參考。

論交三世舊通家，初見長安歲月賒。何待濟尼知道韞，未聞徐女配秦嘉。多才短命人咸惜，一念輕生事可嗟。靈谷年年薰寶級，更應流恨到天涯。

（一九六五年二月）

乙巳元夕次東坡韻

斷續東風冷暖天，花枝憔悴減春妍。月明烏鵲難棲樹，潮起魚龍欲撼船。
直覺此身臨末日，已忘今夕是何年。姮娥不共人間老，碧海青天自紀元。

（一九六五年二月）

*　　*　　*

乙巳元夕倒次東坡韻

屈指今宵又上元，倒排蘇韻記流年。撥開雲霧輝金鏡，散遣幽憂照酒船。
插柳閨門除舊俗，賞花園會鬬新妍。魚龍燈火喧騰夜，一榻蕭然別有天。

（一九六五年二月）

編者注：原稿第四句缺第四字，現根據蔣天樞先生輾轉鈔稿補全。

乙巳春夜忽聞風雨聲想園中杜鵑花零落盡矣爲賦一詩

尋詩歲月又春風，村市飛花處處同。絶艷植根千日久，繁枝轉眼一時空。
認桃辨杏殊多事，張幕懸鈴枉費工。遥夜驚心聽急雨，今年真負杜鵑紅。

（一九六五年四月初）

*　*　*

乙巳清明日作次東坡韻

聽罷胡僧話劫灰，尚談節日蠢人哉。鶯飛草長今何處，寒食清明又幾回。
早悟有身原大患，不知留命為誰來。德功坡老吾寧及，贏得殘花濺淚開。

（一九六五年四月）

高唱

高唱軍歌曲調新，驚回殘夢太平人。如何鶴髮開元叟，也上巢車望戰塵。

（一九六五年）

* * *

乙巳春盡有感

道是無情却有情，可能留命待今生。江淹老去才難盡，杜牧春歸意未平。

醉酒只堪成短夢，聞歌渾不類前聲。芙蓉城遠途還阻，惆悵人間石曼卿。

（一九六五年五月）

乙巳七夕

人間三伏愁炎暑，天上雙星感合離。銀漢已成清淺水，金閨方鬬死生棋。
獻瓜供果終何益，拈線穿針更自欺。百尺高樓羞乞巧，偶因棖觸戲題詩。

（一九六五年八月）

* * *

展七夕詩 幷序

戊辰舊曆七月十七日，寅恪與曉瑩結縭於上海。余堯衢丈肇康撰一聯見賀，其下句云「天孫七夕展佳期」，詞旨適切可喜。今年乙巳舊曆七月十七日，憶及此語，為賦一律，以贈曉瑩，聊述三十餘年來甘苦共嘗之意云耳。

天孫七夕展佳期，嘉耦相逢莫恨遲。卅載牛衣寒未暖，百年駒隙過如馳。

餘生殘廢添愁病，雜物紛繁費處治。竝坐窗前望銀漢，與君今夕話當時。

（一九六五年八月十三日）

*　　*　　*

乙巳中秋作

喧闐金鼓萬人看，隱現山河影畧殘。聞有桂華千尺樹，不曾攀折怕高寒。

說餅辛勤七十年，可憐明月為誰妍。此生更賸中秋幾，今夕還祈照我圓。

樓居身世兩悠悠，香霧雲鬟未白頭。若得人間雙拜月，姮娥天上亦銷愁。

（一九六五年九月）

有感

新秋景色舊山河，七六年華一夢過。蝸角風雲金鼓振，牛衣涕泣病愁多。
武陵虛説尋仙境，子夜唯聞唱鬼歌。縱有名山藏史稿，傳人難遇又如何。

（一九六五年秋）

* * *

重九日作

錯認窮秋是晚春，重陽風雨送蕭晨。黄花不見何由采，空負東籬自在身。

（一九六五年十月）

十月二日下午冼玉清教授逝世四日始聞此輓冼玉清教授

香江烽火夢猶新，患難朋交廿五春。太平洋戰起，與君同旅居香港，承以港幣四十元相贈，雖謝未受，然甚感高誼也。此後年年思往事，碧琅玕舘弔詩人。

（一九六五年十月四日）

* * *

乙巳冬日讀清史后妃傳有感於珍妃事爲賦一律

昔日曾傳班氏賢，如今滄海已桑田。傷心太液波翻句，玉谿生詩悼文宗楊賢妃云：「金輿不返傾城色，玉殿猶分下苑波。」雲起軒詞「聞説太液波翻」即用李句。回首甘陵黨錮年。家國舊情迷紙上，興亡遺恨照燈前。開元鶴髮凋零盡，誰補西京外戚篇。

（一九六五年冬）

又題紅梅圖一律圖爲寅恪與曉瑩結褵時曾農髯丈熙所繪贈迄今將四十載矣

卌年香茜（一作雪。）夢猶存，偕老渾忘歲月奔。雙燭高燒花欲笑，小窗低語酒餘温。紅妝縱換孤山面，翠袖終留倩女魂。珍惜玳樑桑海影，他生重認舊巢痕。

（一九六六年一月）

編者注：「寒柳堂記夢未定稿」弁言中所錄本詩文字有差異，現刊附於後。

今歲又賦「題紅梅圖」一律，圖為寅恪與內子唐篔結褵時曾農髯丈〔熙〕所繪贈，迄今將四十載矣。其詩云：

鏡臺畫幅至今存，偕老渾忘歲序奔。紅燭高燒光竝照，緑雲低覆悄無言。栽花幾換湖山面，度曲能留月夜魂。珍重玳樑香茜影，他生同認舊巢痕。

丙午元旦作

雀噪檐間報早春，今朝聊作太平人。小冠久廢看花眼，大患猶留乞米身。
一自黃州爭說鬼，更宜赤縣遍崇神。昨宵門外南風急，色褪桃符滿戰城。

（一九六六年一月）

編者注：本律末句「戰城」疑爲「戰塵」之誤。

* * *

丙午元夕立春作仍次東坡韻

倦暖嬌寒欲雨天，折枝憔悴尚餘妍。犀渠鶴膝人間世，春水桃花夢裏船。
曼衍魚龍喧海國，迷離燈火憶童年。英靈蘇白應同笑，格律頻偷似老元。

（一九六六年二月）

丙午春分作

洋菊非洲菊。有情含淚重，木棉無力鬬身輕。雨晴多變朝昏異，晝夜均分歲序更。白日黃雞思往夢，青天碧海負來生。障羞茹苦成何事，悵望千秋意未平。

（一九六六年三月）

*　　*　　*

丙午清明次東坡韻

史書既欲盡燒灰，何用今朝上塚哉。南國高樓魂已斷，西陵古渡夢初回。先塋在杭州牌坊山，即古西陵喚渡處也。賢妻孺仲懨懨病，弱女淵明款款來。翻憶鳳城一百六，東風無處不花開。

（一九六六年四月）

對聯

贈清華國學研究院學生

南海聖人再傳弟子。
大清皇帝同學少年。

（約一九二六年秋於北平清華園）

編者注：此聯見於蔣天樞陳寅恪先生編年事輯頁六三，援引陳哲三陳寅恪先生軼事及著作（載一九七〇年三月臺北傳記文學十六卷三期）。

一九八六年十一月美延專訪華東師範大學戴家祥先生，戴亦有述此聯及其背景。

王觀堂先生輓聯

十七年家國久魂銷，猶餘賸水殘山，留與纍臣供一死。

五千卷牙籤新手觸，待檢玄文奇字，謬承遺命倍傷神。

（一九二七年六月於清華園）

唐篔録作者云：王先生遺書以所藏書籍見託（書籍多有先生批注），故聯語及之。元裕之詩云：「空餘韓偓傷時語，留與纍臣一斷魂。」聯語蓋有取其詞也。

韓昌黎詩云：「鄴侯家多書，插架三萬軸。一一懸牙籤，新若手未觸。」

北史魏書魏贍傳，五千卷語所本也。

唐篔一錄稿「猶餘賸水殘山」作「唯餘賸水殘山」。

贈羅家倫

不通家法，科學玄學。
語無倫次，中文西文。
匾額：儒將風流

（一九二八年八月至一九三〇年五月
羅家倫任清華大學校長期間）

編者注：此嵌名對聯見於陳寅恪先生編年事輯頁六三。蔣天樞先生謂此聯應作於民國十九年（一九三〇年）後，而戴家祥先生追憶此聯約作於羅家倫就任清華大學校長後不久。

* * *

代吴宓撰吴曾愈夫人輓聯

澉佩想雍容，遺範開元全盛世。
奠齋蕲净樂，傷神長慶悼亡詩。

（一九二八年二月廿九日）

編者注：此輓聯見於吴學昭吴宓與陳寅恪，頁六七。

輓羅幼珊先生

羅幼珊先生千古

惜公抱經世才而未竟其用。
有子治專門學能不負所期。

後學陳寅恪寄自北平

（一九三一年六月）

編者注：羅幼珊爲羅香林之父。此輓聯錄自羅幼珊先生輓言錄頁七十及羅香林回憶陳寅恪師（一九七〇年十月臺北傳記文學十七卷四期）。

國文試題

一、孫行者（本科一年級入學試題）。

二、少小離家老大回（本科二年級轉學生試題）。

三、莫等閒白了少年頭（本科三年級轉學生試題）。

四、墨西哥（中國文學研究所研究生入學試題）。

（一九三二年夏）

編者注：一九三二年夏，陳寅恪所擬清華大學國文入學試題，含對對子一項，即給出上聯，要求考生對以下聯。應試者反應不一。作者曾就此致書劉叔雅先生，並答清華暑期週刊記者問。詳見金明館叢稿二編與劉叔雅論國文試題書及「對對子」意義——陳寅恪教授發表談話（民國廿一年八月十七日清華暑期週刊第六期）。上列試題見於該文及蔣天樞陳寅恪先生傳（中國當代社會科學家傳略第十一輯）。

輓許地山先生

人事極煩勞，高齋延客，蕭寺屬文，心力暗殫渾未覺。
亂離相倚託，嬌女寄廡，病妻求藥，年時回憶倍傷神。

（一九四一年八月於香港）

*　*　*

賀 張公逸先生 王憲鈿女士 嘉禮

公逸先生
憲鈿女士 世友嘉禮
劍外待聞收薊北。

編者注：此賀聯錄自張公逸、王憲鈿先生所示。

閨中方共讀周南。

陳寅恪敬賀

（一九四四年六、七月暑假期間於成都燕京大學）

* * *

贈聞在宥先生

君化無用為有用。

我以小巫見大巫。

（一九四四年於成都華西壩）

編者注：此聯據聞廣先生及中央民族大學王堯先生追憶。

集蘇東坡詩句

閉目此生新活計。
安心是藥更無方。

（一九四五年一月於成都存仁醫院）

編者注：此聯見於吳學昭吳宓與陳寅恪，頁一一五。

* * *

輓李滄萍教授

短夢興亡，珠海魂歸迷故國。
高樓風雨，玉谿春盡感斯文。

（一九四九年三月於廣州嶺南大學）

春　聯 丁酉元旦

萬竹競鳴除舊歲。
百花齊放聽新鶯。

（一九五七年一月卅一日春節於廣州中山大學東南區一號）

編者注：此聯作於一九五七年春節。陳寅恪先生編年事輯頁一四九曾誤爲一九五五年春節所撰。

* * *

贈冼玉清教授春聯 丁酉元旦

春風桃李紅爭放。
仙館琅玕碧換新。

（一九五七年一月卅一日於廣州康樂）

贈廣州京劇團

古董先生誰似我。
新花齊放此逢君。

（一九五七年三月卅一日）

編者注：此聯見於一九五七年五月十日光明日報梁誠瑞訪陳寅恪教授。撰聯時間應爲一九五七年上巳前二日，即三月卅一日，梁文誤作一九五七年春節。該文末附有案語：古董先生，「古」作「陳」解，指他自己；「董」指中大教授董每戡，因爲看京劇時，有董君陪同。此句出自桃花扇曲詞。新花齊放，「新」指新谷鶯，「花」指華顯蘋，「花」與「華」通，新華齊放取百花齊放意。

賀曉瑩六十生日

曉瑩六十生日賀以一聯

烏絲寫韻能偕老。
紅豆生春共卜居。

（一九五八年六月十七日於廣州康樂村）

編者注：據作者一九五九年二月十日致吳宓書，自謂「此聯可代表十年生活情況也」。吳宓案，上句叙寅恪目盲，夫人爲作書記。下句指人民時代紅色政權同屈子之安命居南國也。（吳宓與陳寅恪，頁一三五）

* * *

甲辰元旦撰春聯

豐收南畝春前雨。
先放東風嶺外梅。

（股骨頸骨折，自醫院返家後第二個春節，一九六四年二月十三日）

輓曉瑩

涕泣對牛衣，卌載都成腸斷史。
廢殘難豹隱，九泉稍待眼枯人。

編者注：此聯可能預作於一九六七年前後。

附　唐篔詩存

卧病北京法國醫院病起作

兼旬病起獨傷神，不覺園林已暮春。景物頓殊真隔世，可憐還作再生人。

編者注：此詩係作者一九二六年前後舊作，一九五〇年追記。

* * *

和寅恪飛昆明赴英醫眼疾

神州無藥欲如何，縱肯金篦忍痛多。扶病遠行休嘆息，儻能西域遇耆婆。

（一九四五年）

飛昆明赴英醫眼疾

寅恪

恐難西域遇耆婆，縱肯金篦忍痛多。貧賤夫妻空嘆息，著書無命欲如何。

（一九四五年）

編者注：以上二絕見於唐篔詩存稿。原題爲「送寅恪飛昆明醫眼疾」。就二絕內容，疑爲唱和之作。

* * *

同寅恪純陽觀尋梅

乘興尋梅梅已殘，扶筇惆悵上高壇。暗香浮動任吹盡，俯見蒼松獨耐寒。

（一九五〇年一月）

嶺南大學歡送軍幹大會有感 庚寅臘月初九陽曆一月十六日在車站

其一

參軍榮校復榮親，抗美援朝壯（或作戰。）士身。珍菓榮花彩車送，（或作「萬里征程今話别」。）空前盛況嶺南人。

其二

英雄别友别師親，無奈離愁淚漬巾。壯士何時能復返，難為今日送行人。

（一九五一年一月十六日）

編者注：「軍幹」爲當時對軍事幹部學校學員之簡稱。

母別子

鄰家五兒走其四， 某夫人有子女五人，已走四人。 我惟一男有壯志。 某夫人有獨子，被取録軍幹。 保家衛國萬里行，送別今朝不流淚。 某夫人忍淚送子從軍，聞已痛哭數日矣。

（一九五一年一月十六日）

*　　*　　*

友送友 某女生因未被録取痛哭失聲亦來送友

嶺南壯士競參軍，獨恨今朝我失羣。痛哭此番難遂願，强為歡笑送諸君。

（一九五一年一月十六日）

香港母親

獨兒參幹遠離親，消息驚聞久病身。越境踉蹌來一見，下午四點到，十一點送行。眼枯無淚送行人。

（一九五一年一月十六日）

作者注：「參幹」，參加軍事幹部學校、空軍軍幹校。被錄取者十九日出發北上。

*　　*　　*

詠「軍幹番茄」

陽曆一月十九日廣州參加軍事幹部學校學員出發嶺南大學農學院李沛文院長命名「軍幹番茄」

選種成佳菓，菓因軍幹名。饋別壯行色，人榮菓亦榮。

（一九五一年一月十九日）

寄大姊 庚寅大寒日

三年不見幾滄桑，感舊懷人夜漏長。老病日侵無一字，可容煎藥倍堪傷。

（一九五一年一月廿一日）

編者注：大姊，即琬玉夫人唐家琪。

* * *

寄九妹 庚寅大寒後二日陰雨

煙雨迷濛隔野塘，殘梅欲盡柳爭長。何當共話西窗夜，人壽河清兩渺茫。

（一九五一年一月廿三日）

編者注：九妹，指俞大維夫人陳新午。

無　題　寄友

小別那知直到今，行人消息久沉沉。音書欲寄雲天外，不識仙山晴與陰。

＊　　＊　　＊

珠江遠眺　一月廿六日晨

隱隱樓臺隔水陰，紅牆翠瓦入深林。漫空曉霧浮江遠，欲見樓臺何處尋。

（一九五一年一月廿六日晨）

寄流求寒衣　庚寅大寒後一月廿六日燈下作

雪舞冰封北國冬，憐兒忍凍嘆吾窮。剪裁工拙何須計，老眼燈前密密縫。

（一九五一年一月廿六日夜）

* 　* 　*

祀　竈　庚寅臘月廿三日戲作

煙銷灰冷不燒薪，祀竈飴盤俗已陳。善惡如今人自管，臘將改歲報天神。

（一九五一年一月卅日）

除夕 庚寅除夕作

過嶺南來又一春，田家從此不憂貧。廣州郊區今冬土改。江城花市年年好，喜得紅梅迓歲新。

（一九五一年二月五日）

作者原注：花市，每年除夕日，廣州鬧市中設花市，有吊鐘、紅梅、紅碧桃、水仙等花。價奇昂，至午夜止，一年一次。

* * *

辛卯廣州人日

人日輕寒細雨來，嶺梅憔悴雜塵埃。池邊新柳枝先綠，樑上空巢燕未回。愁望江流常不息，追思羇泊有餘哀。天涯歸意無人會，可得山中共把杯。

（一九五一年二月）

辛卯元夕

江外狼煙挾怒飆，魚龍燈影倒光搖。可憐惟有關山月，萬里閨中共此宵。

（一九五一年二月）

*　　*　　*

辛卯廣州春日雜感 辛卯元夕後五日

落葉紛紛草自春，小園春色。遠山晚眺似蒙塵。向校南遠望之山景。輕風微雨乍寒暖，近日之氣候。珍重人間自在身。

（一九五一年二月）

憶故鄉二首 并序

寅恪任教廣西大學一年。前半歲居良豐山中，後半歲遷入校內宿舍，即半山小築也。

憶良豐山居

屋對青葱半嶺松，雲峯遥望幾千重。鵜鴂鳥名聲緩隨風遠，躑躅注一花開滿谷紅。日暖桂香注二穿澗樹，夜深楓影上簾櫳。山居樂事今成夢，欲再還山只夢中。

作者原注一： 躑躅花即野杜鵑，俗名映山紅。春日花開，滿山皆紅。

作者原注二： 山澗下有老桂一株，野生路旁。花放時遠望如一黃傘，清香四溢，雖隔叢林可聞香氣。

憶半山小築

半山有屋兩三椽，鄰近桃源[注一]傍水邊。洞口干雲紅豆樹，[注二]湖心倒影彩燈船。羣雞啄食竹籬下，稚女讀書木榻前。此是雁山幽勝景，名園回首已風煙。

* * *

作者原注一： 桃源洞，校中最大之山洞名桃源洞。遇空襲警報時聞可容千人。

作者原注二： 紅豆樹，桃源洞口有紅豆樹二株，大者高十餘丈。聞七年一次開花結子，即相思豆也。樹旁有屋數椽名「紅豆院」，爲教職員宿舍，家各一室。

憶成都華西壩寓居

喜得來遊古錦城，花開四序一年春。林園縱好心難靜，為有鄰家犬吠人。

重讀陶淵明桃花源記有感 辛卯冬日病中作

余幼年喜讀此文，近因讀寅恪桃花源記旁證更反復誦之，所感與昔不同。

秦人避亂隔雲天，有志劉公亦少緣。歎我餘生多病苦，仙源欲溯恨無船。

* * *

答五年前懷妹見贈詩次韻

浮家嶺外已三年，景物懸殊幾萬千。每恨一家難久聚，何堪大姊又長眠。

羇遊江海雖分地，投遞音書未隔天。願託南鴻報消息，慰吾離思病牀前。

（一九五一年）

編者注：此詩另稿第二句爲「倏變風雲滿大千」。懷妹，即唐篔堂妹唐劍懷。

懷妹原作

金陵晤舊憶當年，僕僕風塵路幾千。感姊殷勤厚意待，慰吾長想夜遲眠。離愁南北思兩地，羈旅東西各一天。何日重逢相會見，滄桑再話晚燈前。

曉瑩注： 五年前全家出川過金陵，懷妹自蘇州來晤，見贈一首。

* * *

哭從姊琬玉夫人 幷序

從姊琬玉夫人家琪，先叔祖學部尚書椿卿公景崇之長孫女，歸吳興徐頌唐君，凡三十五載而歿，年五十有九，時辛卯正月某日也。夫人歿後將一年，始忍痛賦詩四章以哭之，詩中歷述五十年來姊妹之情、家國之感，詞雖不工，事則真實，儻可供異日能文君子傳寫女德關懷世變者之採擇歟？辛卯十二月灌陽唐曉瑩姊殁將一載，我心常鬱結。遥祭庾嶺外，心傷句難綴。今為述悲懷，不計我詩拙。姊母殉夫死，姊亦傳其烈。幼孤畧讀書，敏慧志高潔。隨祖宦北南，承歡無間輟。辛亥清祚改，尚書謝朝列。移家來天津，重聚慰久別。八姑頻歸省，三人至親切。偶作葉子戲，夜深猶不歇。詎料數年間，祖叔相繼殁。兩為叔母病，割股痕不滅。朝夕侍湯藥，不顧己摧折。天意終渺茫，人世常虧闕。一門餘弱小，親族誰提挈。輾轉依我母，姊妹更和悦。食饌問饑飽，衣襪念寒熱。喜則同嬉笑，悲亦共哽咽。阿母困校職，瑣事姊拾掇。週末妹返家，美味特備設。暇時約觀劇，歸來還笑説。姊所最歆慕，十三妹女傑。憂患總相尋，歡愉原易竭。七載樂融融，光陰如電掣。遠聞姊殁訊，悲痛肝腸裂。回憶姊恩深，愧我報獨缺。今欲重相見，幽明兩隔絶。哭姊姊不聞，心碎淚和血。

其　二

姊長歸徐君，門第故相宜。伉儷互敬愛，姑嫂無猜疑。雖未生子女，撫姪過母慈。款客甚優厚，奉己無珍奇。家計非素豐，安貧能自怡。親故樂來聚，談謔解人頤。若為説平話，聽者皆忘疲。閒時偶獨酌，宴席酒不辭。量大總難醉，未嘗失容儀。婦德親友稱，我家亦光輝。豈意十年後，壻病不易醫。殘廢幾廿載，百務姊操持。侍疾連晝夜，終無一怨詞。生事倍艱困，仍不欲人知。我敬姊志節，我為姊嘆唏。一身備衆德，遭遇如此悲。欲問彼蒼天，何其無是非。

其　三

東海飇風至，舊京不可居。妹家將遠行，姊獨來別予。各懷千萬意，相對惟欷歔。我知姊心苦，空言寧可舒。最後僅一語，珍重千金軀。他日寇氛息，妹必返故都。别後走江海，關塞頻馳驅。八載長相念，奈何音信疏。驚聞姊丈歿，姊亦欲殉夫。賴得親戚救，可幸尤可吁。不願累親朋，西山自結廬。勤作供衣食，針線代犁鋤。村童或鄰媪，偶與相嬉娱。荒郊守岑寂，悠悠歲月除。雖云志節高，毋乃過清孤。南北阻兵革，歸晤路已無。益使我辛酸，慨嘆將奚如。

其四

乾坤忽清朗，北還促行程。歸來急訪姊，欲叙别離情。賃車到山麓，相見淚縱横。姊已鬢斑白，妹亦容貌更。姊衰復多疾，湯藥誰代營。地僻不易聚，親友遠隔城。迎姊寓我家，所願迄未成。戊子避兵禍，暫作嶺表行。豈知成永訣，抱恨終此生。回首往年事，夜静夢常驚。驚覺倍悽楚，不忍北望京。我今賦此詩，哀痛莫可名。字字皆是淚，淚盡已無聲。

（一九五二年一月）

詠紅梅 友人贈紅梅一枝

喜見春前第一花，玉人簾捲映朝霞。寒香獨放成幽賞，静伴孤枝照影斜。

*　*　*

病中度辛卯除夕

羇泊江城歴四年，豈知宿疾又纏緜。翻新景色無心賞，且作偷閒盡日眠。

（一九五二年一月廿六日）

贈頌姗夫人 辛卯除夕

春迎歲盡日含暉，閒覓幽香出翠幃。持贈雙鳧有深意，祝君健步早如飛。

（一九五二年一月廿六日）

*　　*　　*

辛卯除夕答謝黄萱夫人贈水仙花

翠袖冰肌望若仙，奇葩珍品出漳泉。今年花市無緣見，喜對芳姿病榻前。

（一九五二年一月廿六日）

壬辰元旦

舊曆新除曙色清，喧譁鉦鼓遍江城。親朋賀歲頻來去，斷續微聞爆竹聲。

（一九五二年一月廿七日）

*　　*　　*

詠水仙

其一

碧色羅裙體態妍，雪膚玉貌絶塵緣。此花本是蓬萊種，自賞孤芳轉自憐。

其二

凌波仙子出埃塵，翠袖金冠白玉身。綽約臨風無限意，嫣然微睇惜花人。

* * *

別水仙 曉瑩寅恪聯句一絶

玉容憔悴淺顰眉，瑩 脈脈相看緑鬢垂。寅 暫别人間留後約，瑩 未妨重見一春遲。寅

壬辰人日作

十日迎春（初十立春。）人日寒，層雲細雨蔽重巒。園中花木誰將賞，天外陰晴那得看。聞道故人多病苦，追思往事倍辛酸。終朝卧病心彌静，聊復吟詩自慰安。

（一九五二年二月二日）

* * *

壬辰元夕病中作（用東坡韻）

窗小難望樹外天，春遲園内少花妍。頻傳聖道除民害，欲訪仙山無一船。關外征人同此月，嶺南羈客夢他年。魚龍佳節何堪問，病榻吟詩記上元。

（一九五二年二月十日）

壬辰春二月初九答謝頌姗夫人贈躑躅花 即杜鵑花

新妝嬌態傲朝霞，霧裹虹霓透碧紗。折贈一蘘知有意，欲將春訊報寒家。
故山遥望滿春風，躑躅花開映日紅。凝睇移時無限感，驚回鄉夢十年中。

（一九五二年三月四日）

* * *

詠嶺南躑躅花 一名山石榴一名杜鵑花

濃妝爛熳勝晴霞，半畝虹光映碧紗。滿地嫣紅争斌媚，名園先放艷陽花。
火雲飛燄翠樓邊，綴紫堆紅斷復連。若把名花比西子，白樂天山石榴詩云：「花中此物似西施。」
吴宫何似苧蘿妍。

（一九五二年三月）

壬辰仲春觀嶺南大學校園杜鵑花因憶故鄉山居之樂遂成長句以記之

香島妖氛滿，避亂轉西行。一年居故土，無限留戀情。山中有清趣，心定身始輕。月明竹影入，日出樵唱清。春間杜鵑放，燦爛嶺谷盈。看花動近遠，車馬道邊橫。遊客緣徑上，霞光照面迎。下山觀早集，聽鳥識初晴。風過松濤響，雨霽岫色明。還家午飯罷，倚枕聞蟬聲。秋來氣高爽，澗底老桂穠。芬香四散溢，遥望如金鐘。荻花舞雪白，楓葉滿樹紅。田家忙收穫，得飽歌年豐。親朋隔城市，幽居鎮日閒。野果注一。溪畔摘，流水聲潺潺。舉目成遠眺，但見雲峰環。暇時赴村墟，注二。新月相偕歸。歸來童稚喜，柿脆鯽復肥。燈下課女讀，夜涼薄添衣。地僻炊煙

作者原注一： 野果，山中有野果，俗名「逃軍糧」。色似紫葡萄，形如小石榴。味甘美。童稚喜食之。果熟時，村童採擷於城中賣之。

作者原注二： 村墟，鄉村三日爲市曰墟集。村人互行交易，食物用品皆有。離我山居數里，往返步行，午後出則日暮始歸。

少，繞屋唯松林。身安心益静，吟詩代撫琴。佳境不易駐，回憶味更深。故鄉亦短夢，他鄉何處尋。

（一九五二年仲春）

* * *

別杜鵑花 壬辰立春後一月作

昨日花繁火燄堆，今朝綃破白樂天山石榴詩：「翦刀裁破紅綃巾。」散塵埃。東風雷雨摧何急，
杜宇啼聲尚未來。九江三月杜鵑來，一聲催得一枝開。

（一九五二年三月）

廣州木棉花 壬辰仲春作

亭亭直上白雲間，無葉花枝態更妍。俯視春風摇嫩緑，高紅獨艷夕陽天。

（一九五二年仲春）

* * *

曉瑩寅恪前題聯句

十丈空枝萬點紅，瑩 霞光炫耀翠林中。瑩 高花偏感高樓客，寅 愁望垂楊亂舞風。寅

再詠木棉花

寒枝十丈矗晴空，光耀霓珠滿翠叢。誤認暘臺舊遊景，玉蘭花染落霞紅。

（一九五二年）

*　　*　　*

謝友人贈新種絳色玫瑰

凝香初放一枝斜，海外葩王傲絳紗。移置案頭驚舊一作往。夢，依稀猶似洛陽花。

（一九五二年）

壬辰五月十七日答贈寅恪 幷記嶺南寓園景物

白花紅藥逐時開，莫道年華不復回。舊景難忘逢此日，為君祝壽進新醅。

（一九五二年六月）

* * *

癸巳七月病中送流彭二女各赴工作地

兩月昏昏病裏過，悲歡離合意殊多。颱風欻捲隔山海，流求北赴重慶，小彭往海南那大市。殘痛心情奈若何。

（一九五三年八月）

又

癸巳秋八月作

聚散人生任去留，兒行日遠日煩憂。哺雛嗟我真如夢，夢影難銷淚不收。

（一九五三年九月）

*　　*　　*

癸巳秋日病中作

不生不死度殘年，竟日沈沈寤寐間。夜半蟲聲忽驚覺，魂歸何處瘴江邊。

（一九五三年秋）

哭王啓潤表妹 癸巳秋八月病中作

津沽同學共髫年，當日論才未或先。世運如潮供一瞑，欲將遭際問蒼天。

生離死別兩堪傷，念子慈親久斷腸。早識人間同一夢，哭君更有淚千行。

（一九五三年九月）

* * *

廣州贈蔣秉南先生

不遠關山作此遊，知非嶺外賞新秋。孫書鄭史今傳付，一掃乾坤萬古愁。

（一九五三年九月）

十月八日追憶今夏風雨中觀木棉花有感作

臨窗停羽扇，風起動重幃。翠幕長條舞，高穹粉蝶飛。檐前珠箔墜，一作冷。樓外玉塵圍。羈客心如醉，還疑度嶺歸。

（一九五三年十月八日）

* * *

前題又詠

嶺外知交至可親，故鄉留戀已無人。樓前偶見飛銀蝶，一觸羈懷一愴神。

（一九五三年十月）

高樓 癸巳冬病中作

高樓窗外曉煙迷，雀噪知晴見彩霓。朝旭夕陽同鬭艷，日昇日落辨東西。

（一九五三年末）

* * *

憶髫年 寄蘇州懷妹

炎方豈意久流連，五載悠悠瘴海邊。懶問滄桑隨世運，唯思姊妹共髫年。

姑蘇別緒常縈念，津埠前遊已化煙。北棹夷猶空悵望，天涯回首更纏緜。

前題寄沈家表姊妹

炎方豈料久流連，五載悠悠瘴海邊。懶問滄桑隨世運，追思親故共髫年。
武林舊宅空惆悵，歇浦前遊總掛牽。可奈東風無限意，一番回首一悽然。

*　*　*

哭沈保均表妹 癸巳臘月初二作

夢中頻見笑顏開，猶作當年絮語陪。志業知君非往日，忽聞摧折倍堪哀。
北風悵望隔雲昏，總願親情得再溫。今日書來得潼弟書。驚舊夢，江邊何處可招魂。
三年姊妹兩招魂，辛卯冬月哭家琪大姊，癸巳臘月哭保均幼妹。萬事空添老淚痕。同是于歸多困厄，痛君遭際更煩冤。

（一九五四年一月六日）

*　*　*

乙未春日病起看杜鵑花謹次先姑庚戌寒食病中作原韻

林園未到已多時，開遍山榴（杜鵑花又名山石榴。）夢不知。籠霧樓前紅蔌蔌，迎風池畔碧絲絲。春光四處迷銀海，藥椀連朝代酒卮。今日看花如看畫，米家筆意寫新枝。

（一九五五年春）

編者注：此律另一稿第二句作「開遍山榴我始知」。

乙未五月十七日寅恪六十六歲初度賦一律爲壽

時值廣州芒果荔枝豐收也

今辰同醉此深杯，香檨芒果最上品之名。離支佐舊醅。郊外肴蔬無異味，齋中脂墨助高才。考評陳范文新就，箋釋錢楊體別裁。回首燕都初見日，恰排小酌待君來。

（一九五五年七月六日）

編者注：此律爲唐篔所作，前曾誤爲寅恪詩作而收入寅恪先生詩存，文字畧有不同，第一句作「莫辭一醉勸深杯」，第三、四句作「郊外盤飧無異味，齋中楮硯見高才」。

* * *

在生產前線上

春來種樹入層巒，百里騎程不憚難。席地而餐隨處宿，青蓑黃笠好衣冠。

己亥中秋戲題舊鬧鐘

患難間關總不違，海桑共話更依依。可憐形貌今非舊，猶為辛勤製錦衣。

（一九五九年九月十七日）

* * *

辛丑秋廣州贈雨僧先生

秋風乘興出荊門，故舊相逢嶺外村。應感間關來一聚，莫辭濁酒勸多罇。

（一九六一年九月三日）

送雨僧先生重遊北京

北望長安本有家，雙星銀漢映秋華。神仙眷屬須珍重，天上人間總未差。

（一九六一年九月三日）

編後記（第一版）

清華大學中文系清華文叢編委會邀我們編輯此書。書中所發表的先父詩作，除寅恪先生詩存已刊出者外，并增加了我們姐妹自「文革」後十餘年來多方設法收集到的父母詩稿。編排順序，大體上是按照父母親生前共同商定、由母親執筆編寫的詩稿目録。我們在編輯過程中，主要對某些詩因來源不同而文字略有差異者作了説明，其他基本未加注釋。

在父親詩集後面，附上了母親的詩作。這是因為母親不僅是父親感情篤深的生活伴侶，而且是他志同道合的精神支柱與業務幫手。她在生活上無微不至地體貼照顧父親，在父親失明後當某位助手突然離去時，母親當即頂替其職，使父親能照常上課、著述。有不少唱和吟詠的詩篇，反映出他們的思想共鳴。如：乙未年他們結婚紀念日時，父親寫道：「同夢悤悤廿八秋，也同歡樂也同愁。」母親和答：「甘苦年年慶此秋，已無惆悵更無愁。」當他們在「文革」中遭迫害，自知不能久存時，父親預先給母親寫下了輓聯：「涕泣對牛衣，卌載都成腸斷史。廢殘難豹隱，九泉稍待眼枯人。」如果没有母親，很難想像體弱、多病、目盲、晚年又骨折的父親能有如許豐碩的教學與研究成果。

父親失明後，他的詩作完全由母親謄鈔整理，有鋼筆鈔寫的稿本多册及用毛筆謄正的最後保存本。母親的書法功底素為家人及親友所稱道，所以父親恭請母親來謄寫他的詩篇，作為他們兩人永誌的紀念。正如乙未年父親為母親生日賦贈所云：「脂墨已鈔詩作史，妝臺須看海揚塵。」不幸的是，父親的文稿、詩稿及母親的一些詩稿在「文革」中被洗劫一空。父母親也於一九六九年遭迫害先後逝世。「文革」結束後，我們姐妹即為尋找、歸還佚稿而多方奔走呼籲，終於在一九七八年從有關方面取回大部分文稿和少數詩稿。我們立即將全部稿件交給父親生前親自囑託的　蔣天樞先生。蔣先生付出艱巨的勞動，主持出版了陳寅恪文集。由於詩稿收回較少，蔣先生在寒柳堂集詩存前說這是「叢殘舊稿」。為了尋回這些遺失的詩文稿，我們又經多年不間斷的努力，於一九八七年再收回了一些。於此同時，父親的故舊及其後代的大力相助令人感動。如吴雨僧伯父的女兒吴學昭先生極其熱忱，從吴伯父劫後殘存的日記和信函中，尋覓到相當數量的詩鈔及有關資料，大都極為珍貴，而且在編輯出版本書時更給予許多具體幫助。

我們鈔録編排這册詩稿，彷彿又見到了當年的父母，重温他們昔日的悲苦與歡樂。不但看到了父母的音容笑貌，也感觸到他們的呼吸和心聲。在父母活着的時候，我們還是孩童或青年，對於他們的思想感情尚理解不深。如今我們也歷經風雨，開始步入老年，重鈔這些詩篇，更深地感受到當年他們心靈的震顫。我們不專文史，更不是詩人，然而鈔到那和着血淚寫下的詩句時，不覺淚滴濺落紙上。

父親的文稿詩稿也如其人，有着許多曲折不幸的遭遇，這裏不遑細說。此詩册雖為目前所匯集到的父母詩作内容最多者，但仍未是他們的全部遺稿。本着對父母的深厚感情，對祖國文化遺産的責任感，我們一直在追尋先父佚稿，希望能盡量收集出版，留傳後人。祈望相識與不相識的讀者支持和幫助，以求詩集日臻完善。謹此向所有過去、現在、將來幫助我們收集出版遺著的先生們致謝。傅璇琮先生於百忙中校閱了詩稿，在此一併表示感謝。

由於鈔録編排遺著時間倉促，編輯經驗不足，水平有限，錯誤在所難免，當由我們負責，切盼讀者指正。

陳流求
陳美延 謹述 一九九一年除夕

第二版説明

此次再版陳寅恪詩集附唐篔詩存，除對第一版（清華大學出版社一九九三年四月版）作了勘誤校訂外，編排上略作調整：

對聯相對集中，列於陳寅恪詩作之後。個别詩作先後次序稍事更動。

陳寅恪詩作增補：題冼玉清教授修史圖其二、熱不成寐次少老聞停戰詩韻、癸卯中秋作等十三首。

在此謹向指出第一版中錯誤的讀者致謝。

陳流求
陳美延
一九九九年十二月

陳寅恪集後記

我們從小就知道全家最寶貴的東西是父親的文稿。從抗戰逃難直至「文化大革命」，父親文稿都是用全家最好的箱子裝載，家人呼之為「文稿箱」。避日軍空襲時，首先要帶的就是「文稿箱」。出版父親文集自然是父母，也是我們姐妹最大心願。

父親一生坎坷，抗日烽火中，顛沛流離，生活窘迫，雙目失明，暮年骨折卧床，更經痛苦。然而無論世道變換，病殘齊至，始終未曾間斷學術創作。而父親為學一貫堅持「獨立之精神，自由之思想」，「未嘗侮食自矜，曲學阿世」。如今父親全集出版，學界儻能於研究父親著述時，更知父親此種精神之所在，則為我們姐妹辛勞的最高報償。

一九六二年胡喬木同志來訪，談及文稿，父親直言：「蓋棺有期，出版無日。」胡答：「出版有期，蓋棺尚遠。」父親聽了很高興，以為有望見到文集面世。豈知「文化大革命」開始，父母備受摧殘，蒼涼離世，終未能見到陳集出版。父親生前已將出版文稿重任託付於弟子蔣天樞先生，不料文稿在「文革」中竟被洗劫一空，片紙不留。「文革」結束後，我們姐妹將歷經曲折於一九七八年五月追回的父親文稿，送交蔣天樞先生。蔣先生沒有辜負父親囑託，付出艱巨勞動，於一九八〇年主持出版了陳寅恪文集，由上海古籍出版社刊行，這只是父親文字的一部分。一九八八年六月，蔣天樞先生不幸突然病逝，於是我們姐妹繼續收集整理父親的文字。

現在出版的陳寅恪集，是在上海古籍出版社所刊印之陳寅恪文集基礎上進行的，增加了陳寅恪詩集（附唐篔詩存），書信集，讀書札記一集（舊新唐書之部）、二集（史記、漢書、晉書、唐人小説等之部）、三集（高僧傳之部），並講義及雜稿（兩晉南北朝史講義、唐史講義、備課筆記、論文、講話、評語、聽課筆記等）。一九八〇年出版的寒柳堂集，金明館叢稿初編、二編，隋唐制度淵源略論稿，唐代政治史述論稿，元白詩箋證稿，柳如是別傳諸集，此次出版時作了校對，除寒柳堂集中詩存併入詩集，寒柳堂記夢未定稿據一九八七年六月收回的殘稿作了校補外，其餘編排均不作變動，因父親生前託付蔣天樞先生代爲出版文集過程中已親自審定文集編目及有關事宜，故仍按父親原意進行。而此次刊行全集所增補之内容，則是期望從不同角度反映父親的學術生涯。

父親的文稿墨跡命運亦如其人，頻遭劫難，面世困難。抗戰時已遺失了多箱撰有眉識的書籍，其中有的被戰火焚燬，有的在運輸途中被盜，或存放親友處丢失，現下落不明，難覓其蹤。這些皆爲父親「廿年來所擬著述而未成之稿」，如蒙古源流注、世説新語注、五代史記注、佛教經典之存於梵文者與藏譯及中譯合校、巴利文長老尼詩偈集中文舊譯並補譯及解釋其詩等等（見一九四二年九月廿三日父親致劉永濟信）。而父親晚年整理就緒準備出版的文稿，於「文革」中全被查抄，「文革」過去撥亂反正後，雖於一九七八年五月及一九八七年六月兩次收回詩文稿，但仍未全部歸還。即便抗戰勝利後在清華大學授課、研究之講義、資料等，亦未曾得見。總之，散落在各處的文字，迄今尚有部分未能獲見。這次刊印父親文集，因其為目前所收集之最全者而拟名「陳寅恪全集」，轉又考慮到其實並不能「全」，故稱「陳寅恪集」。

此次父親遺作付梓，三聯書店非常重視，投入很大力量以保證質量；同時我們得到父母親朋故舊，海內外學者弟子，我們姐妹的友人以及相識或不相識的各界人士支持幫助。首先感謝蔣天樞先生一九八〇年於上海古籍出版社主持出版了陳寅恪文集，黄萱先生協助蔣先生做了不少工作。校補寒柳堂記夢未定稿及參與輯錄並審閱讀書札記等多位先生亦於此一併致謝。在我們收集父母詩文書信資料過程中，劉節先生的夫人錢澄女士，華忱之先生等將珍藏了多年「文革」劫後幸存的父親書函贈送，各種支持幫助不勝枚舉，難以一一敬列，在此謹向一切參與、推動、幫助、支持出版陳寅恪集的人士表示衷心感謝。

歷經十年的艱難曲折，陳寅恪集終於面世，當此之時，我們百感交集，真不知何以表述其經過於萬一。出版陳集為中外學者深望，此書之所以遲至今日方能面世，其間有許多我們始料未及的困擾，於此無需細述。而今陳集業已付印，我們希望以此集告慰逝去的父母，父親自謂「文字結習與生俱來，必欲於未死之前稍留一二痕跡以自作紀念」，他於「臏有文章供笑罵」之時，尚望「後世相知儻破顏」。我們更希望將父親的這些文字，作為祖國文化遺產，獻給後世相知。

陳流求
陳美延 謹述　一九九九年七月三日父親誕生一百零九週年

陳寅恪集再版説明

三聯書店出版的陳寅恪集十三種十四册，自二〇〇一年一月至二〇〇二年五月面世後，時逾八載。現藉再版重印的機會我們做了少量校勘修訂工作，如：糾正個別誤字、圖片説明；唐代政治史述論稿對照手寫本唐代政治史略稿，個別詞句作了變動；略增改書信集、詩集中的某些注釋；更正書信集中致傅斯年、致胡適、致聞宥少數函件的時間認定，編排順序也相應有所變動。但未及增補近年來新發現的一些陳寅恪信札、詩作，亦屬憾事。

在此，特向熱心提供資料及指出陳寅恪集中訛誤的讀者朋友，致以衷心謝忱！並希望此次再版重印後仍一如既往得到大家的支持和幫助。

陳流求　陳美延　二〇〇九年四月